AF277751

Subalterno/a
del Ayuntamiento
de Jerez de la Frontera

Marzo, 2025

SE 07

Curso
MAD360

*La diferencia entre aprobar
y sacar plaza*

Subalterno/a

AYUNTAMIENTO DE JEREZ DE LA FRONTERA

Si aún no dispones de tu **Curso MAD360**, te ofrecemos un acceso GRATIS de 30 días para que disfrutes de los siguientes recursos:

- Técnicas de Memoria 360.
- MADTEST: Test *online* Nivel PRO.
- Temario en formato digital.
- Vídeos.
- Esquemas.
- Planificación de estudio.
- Foro entre opositores hasta la fecha del examen.*
- Recursos y novedades exclusivas.
- Consulta sobre la oposición y el proceso selectivo.
- Actualizaciones legislativas (Boletines Oficiales) hasta 60 días antes de la fecha del examen.*

Para acceder a esta prueba del Curso MAD360** será necesaria la compra de todos los libros para esta especialidad de la edición 2025.

Regístrate en **mad.es/iniciar-sesion** y en la pestaña BIBLIOTECA valida los códigos que encuentras en la última página de tus libros.

NOTA IMPORTANTE:

* Examen de esta categoría profesional correspondiente a la convocatoria siguiente a la publicación de este libro, o hasta el 31 de marzo de 2026, lo que se cumpla antes, y previa renovación del servicio.

** El acceso al CURSO MAD360 estará disponible desde marzo de 2025 (algunos recursos podrían estar disponibles en fecha posterior). Tendrá una duración de 30 días RENOVABLES mediante pago, desde la validación de códigos, o hasta el 30 de septiembre de 2026, lo que se cumpla antes.

MAD se reserva el derecho a ampliar dichas fechas.

Subalterno/a del Ayuntamiento de Jerez de la Frontera

Test del temario y supuestos prácticos

LIDIA PONCE MARTÍNEZ
LICENCIADA EN PSICOLOGÍA

© 7 Editores Recursos para la Cualificación Profesional y el Empleo, S.L. (7 Editores)
© La autora
Primera edición, marzo 2025 (190 páginas)
Derechos de edición reservados a favor de 7 Editores
IMPRESO EN ESPAÑA
Diseño Portada: 7 Editores
Edita: 7 Editores
Avda. San Francisco Javier, 9 · Edificio Sevilla 2 · Planta 11 · Módulos 25-27 · 41018 Sevilla
Teléfono: 954 784 411 · WEB: www.mad.es · e-mail: administracion@7editores.com
ISBN: 978-84-142-9348-5
© "Editorial Mad" y "Eduforma" son nombres comerciales registrados de
7 Editores Recursos para la Cualificación Profesional y el Empleo, S.L.

Índice

TEST

Test n.º 1. La Constitución Española de 1978. Estructura general. Características esenciales y principios informadores. Derechos y deberes fundamentales *(25 preguntas)* 11

Test n.º 2. El Régimen Local español. Principios constituciones y regulación jurídica. Personal al servicio de la Entidad Local. La Función Pública Local. Organización, selección y situaciones administrativas *(100 preguntas)* 19

Test n.º 3. El Ayuntamiento de Jerez. Órganos de Gobierno. Organización y áreas municipales. Los edificios e instalaciones municipales del Ayuntamiento de Jerez de la Frontera: Ubicación, funciones y actividades que se desarrollan *(30 preguntas)* 43

Test n.º 4. Transparencia. Acceso a la información pública. Protección de datos *(50 preguntas)* 51

Test n.º 5. Igualdad y Género. Políticas de igualdad *(30 preguntas)* 65

Test n.º 6. Prevención de Riesgos Laborales. Normativa de aplicación *(40 preguntas)* 75

Test n.º 7. Control de accesos. Recepción del público. Vigilancia y custodia de edificios e instalaciones. Nociones sobre seguridad en edificios *(50 preguntas)* 87

Test n.º 8. Atención al público. Los servicios de información administrativa. Información general y particular al ciudadano *(24 preguntas)* 101

Test n.º 9. Los documentos en la administración: distribución, recogida y reparto. Las notificaciones administrativas. Nociones de archivo y almacenamiento. Traslado de material y mobiliario *(50 preguntas)* 109

Test n.º 10. Ofimática. El manejo de la fotocopiadora, escáner y máquinas de ofimática de uso habitual en las oficinas administrativas. Normas de uso y conservación. La Informática de la Administración Pública: gestión del correo electrónico *(85 preguntas)* 121

SUPUESTOS PRÁCTICOS

Supuesto práctico n.º 1. Supuesto sobre atención al público (*20 preguntas*)   141

Supuesto práctico n.º 2. Supuesto sobre máquinas reproductoras (*20 preguntas*)..   149

Supuesto práctico n.º 3. Supuesto sobre Prevención de Riesgos Laborales (*20 preguntas*)   159

Supuesto práctico n.º 4. Supuesto sobre Word (*20 preguntas*).....................   167

Supuesto práctico n.º 5. Supuesto sobre Excel (*20 preguntas*)   175

Supuesto práctico n.º 6. Supuesto sobre Correo Electrónico (*20 preguntas*)   181

TEST

TEST N.º 1

La Constitución Española de 1978. Estructura general. Características esenciales y principios informadores. Derechos y deberes fundamentales

1. ¿En qué se fundamenta la Constitución Española?

a) En un Estado social y democrático de Derecho.
b) En la indisoluble unidad de la Nación española.
c) En la independencia de los poderes del Estado.
d) En la organización territorial del Estado.

2. Según el artículo 3 de la CE, el castellano es la lengua oficial del Estado y todos los españoles:

a) Tienen el deber de usar y el derecho de conocer el castellano.
b) Tienen el derecho y el deber de conocer el castellano.
c) Tienen el deber de conocer y el derecho de usar el castellano.
d) Tienen el derecho de conocer y usar el castellano.

3. La Constitución Española reconoce y garantiza el derecho a la autonomía:

a) De las nacionalidades que la integran.
b) De las regiones que la integran.
c) De las Comunidades Autónomas que la integran.
d) De las nacionalidades y regiones que la integran.

4. El Preámbulo de la Constitución:

a) Tiene en sí carácter de norma jurídica.
b) Es una declaración de intenciones, destinada a interpretar lo que se quiere alcanzar con el contenido normativo de la Constitución.
c) Se trata de un texto sin fuerza jurídica de obligar.
d) Las respuestas b) y c) son correctas.

5. Señala la respuesta correcta respecto de la aprobación, ratificación y publicación de la Constitución Española:

a) Aprobada por las Cortes el 31 de octubre de 1978, ratificada por el pueblo en referéndum el 6 de diciembre de 1978 y publicada el 29 de diciembre de 1978.
b) Aprobada por las Cortes el 30 de octubre de 1978, ratificada por el pueblo en referéndum el 16 de diciembre de 1978 y publicada el 27 de diciembre de 1978.
c) Aprobada por las Cortes el 31 de octubre de 1978, ratificada por el pueblo en referéndum el 16 de diciembre de 1978 y publicada el 29 de diciembre de 1978.
d) Aprobada por las Cortes el 10 de octubre de 1978, ratificada por el pueblo en referéndum el 26 de diciembre de 1978 y publicada el 30 de diciembre de 1978.

6. ¿En qué parte de la Carta Magna se establece la exposición de motivos que impulsan la norma constitucional y los objetivos que con ella se pretenden alcanzar?

a) En el Título Preliminar.
b) En el Preámbulo.
c) En el Título I.
d) En el Título II.

7. La Constitución Española fue sancionada por:

a) El Rey.
b) El Presidente del Congreso.
c) Las Cortes Generales.
d) El Presidente del Gobierno.

8. ¿Cuáles de los siguientes españoles de origen pueden ser privados de su nacionalidad?

a) Exclusivamente los miembros de grupos terroristas.
b) Los miembros de grupos terroristas y los que atenten contra el Rey u otro miembro de la Casa Real.
c) Los que atenten contra un miembro de la Familia Real o del Gobierno de la Nación.
d) Ningún español de origen podrá ser privado de su nacionalidad.

9. Según la CE son fundamentos del orden político y la paz social:

a) La dignidad de la persona, los derechos violables que les son inherentes y el respeto a la ley.
b) La dignidad de la persona, el desarrollo limitado de la personalidad y el respeto a la ley.
c) El respeto a la ley, a los reglamentos administrativos y demás disposiciones legales.
d) La dignidad de la persona, los derechos inviolables que le son inherentes, el libre desarrollo de su personalidad, el respeto a la ley y a los derechos de los demás.

10. ¿Cuál de los siguientes es considerado por la CE como uno de los valores superiores del ordenamiento jurídico?

a) La jerarquía normativa.
b) El pluralismo político.
c) La publicidad normativa.
d) La equidad.

11. La forma política del Estado español es:

a) Democracia parlamentaria.
b) Gobierno parlamentario.
c) Monarquía parlamentaria.
d) República democrática.

12. La parte de la CE que regula la estructura de los principales órganos del Estado recibe el nombre de:

a) Parte dogmática.
b) Parte orgánica.
c) Parte estatal.
d) Parte estructural.

13. Según la CE, la soberanía nacional:

a) Corresponde a las Cortes Generales, al estar compuestas por los representantes del pueblo.
b) Corresponde al Rey.
c) Reside en el pueblo español.
d) Corresponde al Gobierno de la Nación elegido directamente por el pueblo.

14. El derecho a la propiedad en nuestra Constitución es un Derecho:

a) Inherente a la condición humana.
b) Absoluto.
c) Limitado por la función social de la misma.
d) Ninguna de las respuestas anteriores es correcta.

15. ¿En qué parte de la Carta Magna se señalan los valores superiores del ordenamiento jurídico?

a) En el Preámbulo.
b) En el Título Preliminar.
c) En el Título I.
d) Ninguna respuesta es correcta.

16. ¿Cuál de las siguientes es una de las características de nuestra Constitución de 1978?

a) Consensuada.
b) Corta.
c) Conservadora.
d) Originalidad.

17. Son el fundamento del orden político y de la paz social:

a) El libre desarrollo de la personalidad.
b) Los derechos inviolables que les son inherentes.
c) El respeto a la ley y a los derechos de los demás.
d) Todas las respuestas son correctas.

18. ¿Qué quedará excluido de extradición?

a) Los delitos criminales.
b) Los delitos políticos.
c) Los actos de terrorismo.
d) Ninguno.

19. ¿Qué debe ser democrático, a tenor de lo dispuesto en la Constitución Española, en los sindicatos de trabajadores y las asociaciones empresariales?

a) Su funcionamiento.
b) Su estructura interna.
c) Su funcionamiento y estructura interna.
d) Sus órganos asamblearios.

20. ¿De cuántos Capítulos consta el Título I de la CE de 1978?

a) De tres.
b) De cinco.
c) De dos.
d) De cuatro.

21. Si un poder público, en su actuación, infringe lo dispuesto en el Preámbulo de la Constitución:

a) Incurre en nulidad.
b) Incurre en inconstitucionalidad.
c) No pasa nada, salvo que, como consecuencia de esa actuación, se infrinja un artículo de la propia Constitución.
d) Nada de lo anterior es cierto.

22. El principio en virtud del cual el ciudadano está amparado por una legislación no sujeta a continuos vaivenes es el de:

a) Legalidad.
b) Publicidad normativa.
c) Seguridad jurídica.
d) Jerarquía normativa.

23. El principio en virtud del cual un Reglamento no puede contradecir una Ley es el de:

a) Legalidad.
b) Jerarquía normativa.
c) Las respuestas a) y b) son correctas.
d) Seguridad jurídica.

24. Según la Constitución, una norma que imponga una nueva pena más leve para un delito:

a) No se aplica retroactivamente.
b) Puede aplicarse retroactivamente.
c) Ha de ser reglamentaria.
d) Atenta contra el principio de legalidad penal si se aplica retroactivamente.

25. Todos los españoles, respecto al castellano, tienen el:

a) Derecho-deber de conocerlo.
b) Derecho de usar y deber de conocerlo.
c) Derecho-deber de usarlo.
d) Nada de lo anterior.

Solución al test n.º 1

1. b) En la indisoluble unidad de la Nación española.

2. c) Tienen el deber de conocer y el derecho de usar el castellano.

3. d) De las nacionalidades y regiones que la integran.

4. d) Las respuestas b) y c) son correctas.

5. a) Aprobada por las Cortes el 31 de octubre de 1978, ratificada por el pueblo en referéndum el 6 de diciembre de 1978 y publicada el 29 de diciembre de 1978.

6. b) En el Preámbulo.

7. a) El Rey.

8. d) Ningún español de origen podrá ser privado de su nacionalidad.

9. d) La dignidad de la persona, los derechos inviolables que le son inherentes, el libre desarrollo de su personalidad, el respeto a la ley y a los derechos de los demás.

10. b) El pluralismo político.

11. c) Monarquía parlamentaria.

12. b) Parte orgánica.

13. c) Reside en el pueblo español.

14. c) Limitado por la función social de la misma.

15. b) En el Título Preliminar.

16. a) Consensuada.

17. d) Todas las respuestas son correctas.

18. b) Los delitos políticos.

19. c) Su funcionamiento y estructura interna:

20. b) De cinco.

21. c) No pasa nada, salvo que, como consecuencia de esa actuación, se infrinja un artículo de la propia Constitución.

22. c) Seguridad jurídica.

23. c) Las respuestas a) y b) son correctas.

24. b) Puede aplicarse retroactivamente.

25. b) Derecho de usar y deber de conocerlo.

TEST N.º 2

El Régimen Local español. Principios constituciones y regulación jurídica. Personal al servicio de la Entidad Local. La Función Pública Local. Organización, selección y situaciones administrativas

1. La Administración Local está integrada por:

a) Por órganos.
b) Por Entes, no por órganos.
c) Por sujetos de Derecho con personalidad jurídica propia.
d) Son correctas las respuestas b) y c).

2. Uno de los hitos normativos más importantes en la evolución del Régimen Local es:

a) La Constitución Española de 1931.
b) El Decreto de Javier de Burgos, de 30 de noviembre de 1833.
c) La Declaración Universal de los Derechos Humanos.
d) El Estatuto de Bayona de 1808.

3. Se definen como entidades locales integradas por los municipios de grandes aglomeraciones urbanas entre cuyos núcleos de población existan vinculaciones económicas y sociales que hagan necesaria la planificación conjunta y la coordinación de determinados servicios y obras:

a) Las Áreas Metropolitanas.
b) Las Comarcas.
c) Las Mancomunidades.
d) Las entidades de ámbito territorial inferior al Municipio.

4. Son entidades locales territoriales:

a) El municipio y las mancomunidades.
b) Las provincias y las comarcas.
c) El municipio, las provincias y las áreas metropolitanas.
d) La Isla en los archipiélagos balear y canario y los municipios.

5. La no presentación de cuentas por las entidades de ámbito territorial inferior al Municipio ante los organismos correspondientes del Estado y de la Comunidad Autónoma:

a) Conllevará que el personal que estuviera al servicio de la entidad quedará incorporado en la Administración del Estado.

b) Conllevará que el personal que estuviera al servicio de la entidad quedará incorporado en la Administración de la Comunidad Autónoma.

c) Será motivo para la sustitución de sus órganos de gobierno.

d) Será causa de disolución.

6. El artículo 137 de la Constitución Española dispone:

a) El Estado se organiza territorialmente en Municipios, en Provincias y en las Comunidades Autónomas que se constituyan.

b) El Estado se organiza territorialmente en Municipios, en Provincias e Islas.

c) El Estado se organiza territorialmente en Municipios, en Provincias y en Comarcas.

d) El Estado se organiza territorialmente en Municipios, en Provincias y en Concejos.

7. De acuerdo con el artículo 141 de la Constitución Española:

a) El gobierno y la administración autónoma de las provincias estarán encomendados a las Diputaciones u otras Corporaciones de carácter representativo.

b) El gobierno y la administración autónoma de las provincias estarán encomendados al Pleno de la Diputación Provincial.

c) El gobierno y la administración autónoma de las provincias estarán encomendados a la Junta de Gobierno de la Diputación Provincial.

d) El gobierno y la administración autónoma de las Provincias estarán encomendados a las Corporaciones de carácter representativo.

8. Uno de los principios fundamentales en relación con el Régimen Local que recoge la Constitución Española es:

a) La autonomía de las Corporaciones Locales en la gestión de sus intereses.

b) El carácter democrático y representativo de sus órganos de gobierno.

c) La suficiencia de las Haciendas Locales.

d) Todas las respuestas anteriores son correctas.

9. ¿Es posible crear agrupaciones de Municipios diferentes de la Provincia?

a) No.

b) En algunos casos.

c) Solo si lo decide el Presidente del Gobierno.

d) Sí.

10. De conformidad con el artículo 140 de la Constitución Española, los concejales serán elegidos por sufragio:

a) Universal por parte de los ciudadanos del municipio.
b) Universal, igual, libre, e indirecto.
c) Universal, igual, libre, directo y secreto.
d) Universal, igual, libre, directo y secreto, en la forma establecida en la ley.

11. Según el artículo 103.1 de la Constitución Española, la Administración Pública sirve con objetividad los intereses generales y actúa de acuerdo con los principios de:

a) Eficacia, jerarquía, descentralización, desconcentración y suficiencia financiera.
b) Descentralización, desconcentración, altruismo y eficacia.
c) Eficacia, jerarquía, descentralización, desconcentración y coordinación.
d) Eficacia, jerarquía, descentralización, desconcentración y gratuidad.

12. El Texto Refundido de la Ley Reguladora de las Haciendas Locales fue aprobado por:

a) Real Decreto Legislativo 2/2014, de 5 de marzo.
b) Real Decreto Legislativo 2/1994, de 5 de marzo.
c) Real Decreto Legislativo 2/2004, de 5 de marzo.
d) Real Decreto Legislativo 2/2004, de 5 de abril.

13. Las elecciones locales se encuentran reguladas en:

a) El Reglamento de Servicios de las Corporaciones Locales, de 17 de junio de 1955.
b) El Texto Refundido de la Ley Reguladora de las Haciendas Locales.
c) La Ley Orgánica 5/1985, de 19 de junio, del Régimen Electoral General.
d) La Ley Orgánica Electoral de 2 de abril de 1986.

14. ¿Cuál es la Entidad básica de la organización territorial del Estado y cauce inmediato de participación ciudadana en los asuntos públicos, que institucionaliza y gestiona con autonomía los intereses propios de la respectiva colectividad?

a) La Isla.
b) La Provincia.
c) El Municipio.
d) La Comarca.

15. La Creación de las Áreas Metropolitanas se efectuará por ley de:

a) Las Cortes Generales.
b) El Senado.

c) La Asamblea Legislativa de la Comunidad Autónoma.

d) No será necesaria ley, sino Acuerdo aprobado por la mayoría absoluta de los concejales que conforman cada Municipio.

16. ¿Cuáles son las Entidades Locales integradas por los Municipios de grandes aglomeraciones urbanas entre cuyos núcleos de población existen vinculaciones económicas y sociales que hacen necesaria la planificación conjunta y la coordinación de determinados servicios y obras?

a) Las Áreas Metropolitanas.

b) Las Comarcas.

c) Las Mancomunidades de Municipios.

d) Las Provincias.

17. La Provincia es una Entidad Local con personalidad jurídica propia, determinada por la agrupación de Municipios y división territorial para el cumplimiento de las actividades del Estado. Cualquier alteración de los límites provinciales habrá de ser aprobada:

a) Por las Cortes Generales mediante ley orgánica.

b) Por las Cortes Generales mediante ley ordinaria.

c) Por ley de la Asamblea Legislativa de la Comunidad Autónoma respectiva.

d) Por acuerdo unánime de la Diputación Provincial.

18. La Administración Local está integrada por:

a) Órganos.

b) Organismos.

c) Entes.

d) Entidades Institucionales.

19. ¿En qué año se aprobó el vigente Reglamento de Organización, Funcionamiento y Régimen Jurídico de las Entidades Locales?

a) 1991.

b) 1982.

c) 1998.

d) 1986.

20. Señala cuál de los siguientes hitos no forma parte de la evolución de nuestro régimen local:

a) La Constitución de Cádiz de 1812.

b) Los Estatutos Municipal y Provincial de Calvo Sotelo, de 1924 y 1925.

c) Ley Municipal y Provincial de 1870.

d) El Decreto de Javier de León, de 30 de noviembre de 1833.

21. En materia de contratación, es aplicable al Régimen Local:

a) Real Decreto Legislativo 3/2011, de 14 de noviembre, por el que se aprueba el texto refundido de la Ley de Contratos del Sector Público.

b) La Ley 8/2018, de 4 de abril, de Contratos del Sector Público.

c) La Ley 9/2017, de 8 de noviembre, de Contratos del Sector Público.

d) Real Decreto Legislativo 5/2009, de 25 de marzo, por el que se aprueba el texto refundido de la Ley de Contratos del Sector Público.

22. ¿A qué dos principios ha de atender la designación del personal directivo profesional de las Administraciones Públicas?

a) Publicidad y concurrencia.

b) Legalidad e igualdad.

c) Capacidad y mérito.

d) Idoneidad y transparencia.

23. En las pagas extraordinarias se percibe:

a) El sueldo y el complemento de destino solamente.

b) Todas las retribuciones.

c) Las retribuciones básicas en exclusiva.

d) Nada de lo expuesto es correcto.

24. Para el acceso a los cuerpos o escalas del Grupo B se exigirá estar en posesión del:

a) Título de Técnico Superior.

b) Título de Bachiller.

c) Título de Técnico.

d) Título universitario de Grado.

25. Indica una de las notas características de los funcionarios de carrera:

a) Desempeno de servicios de carácter permanente.

b) Nombramiento legal, hecho por Autoridad competente.

c) Los puestos de trabajo que desempeñan han de figurar en la Plantilla orgánica y en el Registro de Personal.

d) Todas las respuestas son correctas.

26. ¿Cómo se denomina al personal que, en virtud de nombramiento y con carácter no permanente, solo realiza funciones expresamente calificadas como de confianza o asesoramiento especial, siendo retribuido con cargo a los créditos presupuestarios consignados para este fin?

a) Personal Laboral.

b) Personal Eventual.

c) Funcionarios interinos.
d) Funcionarios de carrera.

27. Señala la respuesta incorrecta respecto al personal eventual:

a) Su nombramiento y cese serán libres.
b) La condición de personal eventual podrá constituir mérito para el acceso a la Función Pública.
c) Su cese tendrá lugar, en todo caso, cuando se produzca el de la autoridad a la que se preste la función de confianza o asesoramiento.
d) Le será aplicable, en lo que sea adecuado a la naturaleza de su condición, el régimen general de los funcionarios de carrera.

28. La selección de todo el personal, sea funcionario o laboral, debe realizarse de acuerdo con la Oferta de Empleo Público, mediante convocatoria pública y a través del sistema de Concurso, Oposición o Concurso-Oposición libres en los que garanticen, en todo caso, los principios constitucionales de:

a) Capacidad, mérito, objetividad y legalidad.
b) Publicidad, eficacia, eficiencia, mérito y capacidad.
c) Igualdad, mérito y capacidad, así como el de publicidad.
d) Legalidad, publicidad, transparencia, mérito y capacidad.

29. Para poder participar en los concursos de provisión de puestos de trabajo o ser nombrados con carácter provisional en otro puesto de trabajo, salvo en el ámbito de una misma Entidad Local, los funcionarios deberán permanecer en cada puesto de trabajo, obtenido por concurso, un mínimo de:

a) Cinco años.
b) Tres años.
c) Dos años.
d) Un año.

30. Los titulares de la Secretaría-Intervención ejercerán sus funciones en las Secretarías de clase tercera, es decir, de Ayuntamientos de Municipios:

a) Con población inferior a 5.001 habitantes y cuyo Presupuesto no exceda de 3.010.060 euros.
b) Con población inferior a 3.001 habitantes y cuyo Presupuesto no exceda de 2.999.000 euros.
c) Con población inferior a 2.501 habitantes y cuyo Presupuesto no exceda de 1.500.060 euros.
d) Con población inferior a 1.00 habitantes y cuyo Presupuesto no exceda de 1.010.060 euros.

31. ¿A qué Subescala pertenecen los funcionarios que realicen tareas administrativas, normalmente de trámite y colaboración?

a) A la Subescala Técnica de Administración General.
b) A la Subescala de Gestión de Administración General.

c) A la Subescala Administrativa de Administración General.
d) A la Subescala Auxiliar de Administración General.

32. ¿A qué Subescala pertenecen los funcionarios que realicen tareas de mecanografía y taquigrafía?

a) A la Subescala Técnica de Administración General.
b) A la Subescala de Gestión de Administración General.
c) A la Subescala Administrativa de Administración General.
d) A la Subescala Auxiliar de Administración General.

33. A tenor del art. 169.2 TR/86, ¿qué titulación se precisa para ingresar en la Subescala Administrativa?

a) Licenciado en Derecho, en Ciencias Políticas, Económicas o Empresariales, Intendente Mercantil o Actuario.
b) Bachiller, Formación Profesional de Segundo Grado, o equivalente.
c) Graduado Escolar, Formación Profesional de Primer Grado o equivalente.
d) Certificado de Escolaridad.

34. Salvo que el Ministerio de Política Territorial autorice su creación en los de censo inferior, la Policía Local solo existirá en los Municipios con población superior a:

a) 1.500 habitantes.
b) 3.000 habitantes.
c) 4.000 habitantes.
d) 5.000 habitantes.

35. Los empleos de Inspector y Subinspector de Policía Local solo podrán crearse en los Municipios de más de:

a) 25.000 habitantes.
b) 50.000 habitantes.
c) 75.000 habitantes.
d) 100.000 habitantes.

36. Los miembros de los Cuerpos de Policía Local, en el ejercicio de sus funciones, tendrán a todos los efectos legales el carácter de:

a) Agentes de la Autoridad.
b) Autoridad.
c) Delegados de la Autoridad.
d) Auxiliares de la Autoridad.

37. Señala la respuesta incorrecta respecto al régimen jurídico del personal laboral:

a) La Jurisdicción competente en esta materia es la Contencioso-Administrativa.

b) Dentro de este personal, por razón de la fijeza de su vinculación a la Entidad de que se trate, se distingue entre los contratados indefinidamente y los contratados temporalmente.

c) La selección de este personal se hará por concurso, concurso-oposición u oposición libre.

d) La contratación de este personal corresponde al Alcalde o al Presidente de la Diputación Provincial, a quien compete, también, la asignación del mismo a los distintos puestos de trabajo de carácter laboral previstos en las Relaciones de Puestos de Trabajo aprobadas por la Corporación, de acuerdo con la legislación laboral.

38. Los Ayuntamientos de Municipios con población superior a 50.000 y no superior a 75.000 habitantes podrán incluir en sus plantillas puestos de trabajo de personal eventual por un número que no podrá exceder de:

a) Uno.

b) Dos.

c) Siete.

d) La mitad de concejales de la Corporación local.

39. ¿Con qué frecuencia publicarán las Corporaciones locales en su sede electrónica y en el Boletín Oficial de la Provincia o, en su caso, de la Comunidad Autónoma uniprovincial el número de los puestos de trabajo reservados a personal eventual?

a) Cada cinco años.

b) Cada dos años.

c) Anualmente.

d) Semestralmente.

40. ¿Qué norma aprobó el Estatuto Básico del Empleado Público?

a) El Real Decreto 33/2005, de 1 de octubre.

b) La Ley 3/2007, de 9 de febrero.

c) La Ley 7/2007, de 12 de abril.

d) El Real Decreto Legislativo 5/2015, de 30 de octubre.

41. ¿Cómo se denomina al personal que en virtud de contrato de trabajo formalizado por escrito, en cualquiera de las modalidades de contratación de personal previstas en la legislación laboral, presta servicios retribuidos por las Administraciones Públicas?

a) Interino.

b) De carrera.

c) Eventual.

d) Laboral.

42. No se rigen por el Derecho Administrativo el/los:

a) Funcionarios.
b) Personal Laboral.
c) Personal Eventual.
d) Interinos.

43. Los puestos de confianza o asesoramiento especial se suelen reservar al/a los:

a) Políticos.
b) Personal Eventual.
c) Personal Laboral.
d) Funcionarios.

44. Los interinos ocupan provisionalmente puestos que pueden ser desempeñados por:

a) Contratados temporales.
b) Personal eventual.
c) Funcionarios.
d) Personal Laboral.

45. La titulación exigible para ser funcionario del grupo B según el Real Decreto Legislativo 5/2015, de 30 de octubre, por el que se aprueba el texto refundido de la Ley del Estatuto Básico del Empleado Público, es:

a) Título de Bachiller o Técnico.
b) Título de Graduado en Educación Secundaria Obligatoria.
c) Título de Técnico Superior.
d) Título de ESO.

46. Junto a los principios de igualdad, mérito y capacidad, en la selección de los funcionarios, se debe seguir el de:

a) Imparcialidad.
b) Publicidad.
c) Profesionalidad.
d) Concurrencia.

47. La Oferta de Empleo de un Municipio de gran población debe aprobarla el/la:

a) Pleno.
b) Junta de Personal.
c) Presidente.
d) Junta de Gobierno Local.

48. El sistema normal de selección de los laborales es el/la:

a) Oposición libre.
b) Concurso.
c) Concurso-oposición.
d) Todas las respuestas anteriores son correctas.

49. La titulación exigible para ser funcionario del grupo C1, según el Real Decreto Legislativo 5/2015, de 30 de octubre, por el que se aprueba el texto refundido de la Ley del Estatuto Básico del Empleado Público, es:

a) Título de Bachiller o Técnico.
b) Título de Graduado en Educación Secundaria Obligatoria.
c) Título de Técnico Superior.
d) Título de ESO.

50. Siguiendo las nuevas titulaciones, se exigirá título de Graduado en Educación Secundaria Obligatoria para pertenecer al Subgrupo:

a) A1.
b) B2.
c) C1.
d) C2.

51. El Texto Refundido de la Ley del Estatuto Básico del Empleado Público se aprobó por:

a) Real Decreto Legislativo 12/2007, de 13 de marzo.
b) Real Decreto Legislativo 5/2012, de 13 de mayo.
c) Real Decreto Legislativo 5/2015, de 30 de octubre.
d) Real Decreto Legislativo 3/2015, de 14 de abril.

52. Los Concursos de Méritos para proveer puestos de trabajo los resuelve, en un Municipio de régimen común, el/la:

a) Pleno.
b) Junta de Gobierno Local.
c) Presidente de la Corporación.
d) Junta de Personal.

53. Los sistemas de provisión de puestos de funcionarios son:

a) La oposición.
b) El concurso de méritos.
c) La libre designación.
d) Las respuestas b) y c) son ciertas.

54. La constitución del Registro de Personal:

a) Se efectúa a nivel estatal.
b) Es facultativa para las Corporaciones Locales.
c) Es obligatoria para las Corporaciones Locales.
d) Se supedita a la voluntad de la correspondiente Comunidad Autónoma.

55. ¿Cuál es la norma vigente por la que se regula el régimen jurídico de los funcionarios de Administración Local con habilitación de carácter nacional?

a) La Ley 5/2008, de 29 de octubre.
b) El Real Decreto 1174/1987, de 18 de septiembre.
c) El Real Decreto 128/2018, de 16 de marzo.
d) La Ley 34/2016, de 3 de abril.

56. ¿En qué clase se encuadrarían las Secretarías de Ayuntamientos de municipios cuyas poblaciones están comprendidas entre 5.001 y 20.000 habitantes?

a) Clase primera.
b) Clase segunda.
c) Clase tercera.
d) Clase cuarta.

57. Como regla general, en las Entidades Locales cuya Secretaría esté clasificada en clase tercera, las funciones propias de la Intervención:

a) No se llevarán a cabo dichas funciones, que las desempeñará el Interventor de la Diputación Provincial respectivo.
b) Existirán dos puestos de trabajo denominados Intervención Municipal.
c) Existirá un puesto de trabajo denominado Intervención.
d) Formarán parte del contenido del puesto de trabajo de Secretaría.

58. No puede ser Técnico de Administración General un Licenciado en:

a) Sociología.
b) Ciencias Políticas.
c) Derecho.
d) Ciencias Empresariales.

59. La reserva del 50 % de plazas para promoción interna es:

a) Obligatoria.
b) Facultativa.
c) Anormal.
d) Ilegal.

60. La antigüedad para entrar en el cupo de promoción interna es, como regla general, de:

a) Cinco años.
b) Tres años.
c) Dos años.
d) Depende de la plaza.

61. Pertenece a la Subescala de Servicios Especiales un:

a) Ingeniero Industrial al servicio de una Corporación Local.
b) Técnico de Administración General.
c) Suboficial del Servicio de Extinción de Incendios.
d) Contratado laboralmente.

62. Dentro del Personal de Oficios el escalón inferior lo ocupan los:

a) Ayudantes.
b) Peones.
c) Operarios.
d) Oficiales.

63. El número de Personal Eventual que haya de existir en un Municipio de régimen común se fija por el/la:

a) Pleno.
b) Alcalde o Presidente.
c) Comunidad Autónoma respectiva.
d) Junta de Gobierno Local.

64. Respecto del Personal Eventual, ha de publicarse en el Boletín Oficial de la Provincia:

a) Las sanciones que se le impongan.
b) El nombramiento y cese.
c) La concesión de menciones honoríficas.
d) Ninguna de las respuestas anteriores es correcta.

65. Tiene especial trascendencia en la regulación de las relaciones laborales del Personal Laboral el/la:

a) Texto Refundido de la Ley del Estatuto de los Trabajadores.
b) Legislación general de funcionarios.
c) Convenio Colectivo propio.
d) Las respuestas a) y c) son correctas.

66. Un Decreto de un Presidente de una Diputación Provincial despidiendo a un laboral al servicio de la misma:

a) Es nulo de pleno derecho al dictarse por órgano manifiestamente incompetente.
b) Basta para que se lleve a cabo dicho despido.
c) Debe ser ratificado por el Pleno de la Corporación.
d) Ha de confirmarse ante el correspondiente Juzgado de lo Social.

67. La no concurrencia con la actividad de la empresa, respecto de este Personal Laboral:

a) Es un derecho del mismo.
b) Significa que pueden trabajar en la esfera privada, haciendo la competencia a la propia Corporación.
c) Le impide desempeñar cualquier tipo de trabajo fuera de la Corporación.
d) Es un deber del mismo, por el cual no puede hacerle la competencia a la Corporación.

68. ¿De cuánto tiempo disfrutarán los empleados públicos por traslado de domicilio sin cambio de residencia?

a) De dos días.
b) De un día.
c) De dos horas.
d) De un máximo de seis horas.

69. Señala la respuesta incorrecta respecto de los derechos de los funcionarios públicos:

a) Por razones de guarda legal, cuando el funcionario tenga el cuidado directo de algún menor de doce años, de persona mayor que requiera especial dedicación, o de una persona con discapacidad que no desempeñe actividad retribuida, tendrá derecho a la reducción de su jornada de trabajo, sin disminución de sus retribuciones.
b) Por lactancia de un hijo menor de doce meses, la funcionaria tendrá derecho a una hora de ausencia del trabajo que podrá dividir en dos fracciones.
c) Por nacimiento de hijos prematuros o que por cualquier otra causa deban permanecer hospitalizados a continuación del parto, la funcionaria o el funcionario tendrá derecho a ausentarse del trabajo durante un máximo de dos horas diarias percibiendo las retribuciones íntegras.
d) La funcionaria podrá solicitar la sustitución del tiempo de lactancia por un permiso retribuido que acumule en jornadas completas el tiempo correspondiente.

70. Por ser preciso atender el cuidado de un familiar de primer grado, el funcionario tendrá derecho a solicitar una reducción de:

a) Hasta el cincuenta por ciento de la jornada laboral, con carácter retribuido, por razones de enfermedad grave o muy grave y por el plazo máximo de tres meses.
b) Hasta el setenta por ciento de la jornada laboral, con carácter retribuido, por razones de enfermedad grave o muy grave y por el plazo máximo de un mes.

c) Hasta el cincuenta por ciento de la jornada laboral, con carácter retribuido, por razones de enfermedad muy grave y por el plazo máximo de un mes.

d) Hasta el setenta por ciento de la jornada laboral, con carácter retribuido, por razones de enfermedad muy grave y por el plazo máximo de un mes.

71. ¿Cuál es la duración máxima de la sanción de suspensión de funciones por faltas graves?

a) Cinco años.
b) Tres años.
c) Dos años.
d) Un año.

72. ¿En qué situación administrativa se encontrarán los funcionarios de carrera cuando sean designados para formar parte del Consejo General del Poder Judicial?

a) Servicio activo.
b) Servicios especiales.
c) Servicio en otras Administraciones Públicas.
d) Excedencia por interés particular.

73. Los funcionarios de carrera podrán obtener la excedencia voluntaria por interés particular cuando hayan prestado servicios efectivos en cualquiera de las Administraciones Públicas durante un periodo mínimo de:

a) Diez años inmediatamente anteriores.
b) Cinco años inmediatamente anteriores.
c) Tres años inmediatamente anteriores.
d) Dos años inmediatamente anteriores.

74. Señala la respuesta incorrecta respecto de la excedencia de los funcionarios de carrera:

a) La concesión de excedencia voluntaria por interés particular quedará subordinada a las necesidades del servicio debidamente motivadas.

b) Quienes se encuentren en situación de excedencia voluntaria por agrupación familiar no devengarán retribuciones, ni les será computable el tiempo que permanezcan en tal situación a efectos de ascensos, trienios y derechos en el régimen de Seguridad Social que les sea de aplicación.

c) Los funcionarios de carrera tendrán derecho a un período de excedencia de duración no superior a tres años para atender al cuidado de cada hijo, tanto cuando lo sea por naturaleza como por adopción.

d) Las funcionarias víctimas de violencia de género durante los tres primeros meses tendrán derecho a la reserva del puesto de trabajo que desempeñaran, siendo computable dicho período a efectos de antigüedad, carrera y derechos del régimen de Seguridad Social que sea de aplicación.

75. ¿Durante cuánto tiempo se le reservará el puesto de trabajo a los funcionarios de carrera en excedencia por cuidado de familiares?

a) Como máximo cinco años.
b) Al menos, durante tres años.
c) Al menos, durante dos años.
d) Un año, en todo caso.

76. ¿Qué duración tiene el permiso por adopción, por guarda con fines de adopción, o acogimiento, tanto temporal como permanente?

a) Diecisiete semanas.
b) Dieciséis semanas.
c) Quince semanas.
d) Catorce semanas.

77. Los funcionarios que ejerciten el derecho de huelga, por el tiempo en que hayan permanecido en la misma, devengarán y percibirán:

a) Solo las retribuciones básicas prorrateadas.
b) Las retribuciones básicas y los trienios.
c) Todas las retribuciones que le corresponderían si no hubieran ejercido ese derecho.
d) No devengarán ni percibirán retribución alguna.

78. Indica cuál de los siguientes es uno de los derechos de carácter individual de los empleados públicos:

a) A percibir las retribuciones y las indemnizaciones por razón del servicio.
b) Al desempeño efectivo de las funciones o tareas propias de su condición profesional y de acuerdo con la progresión alcanzada en su carrera profesional.
c) A la formación continua y a la actualización permanente de sus conocimientos y capacidades profesionales, preferentemente en horario laboral.
d) Todas las respuestas son correctas.

79. El permiso de paternidad en 2021 por el nacimiento, guarda con fines de adopción, acogimiento o adopción de un hijo tendrá una duración, a disfrutar por el padre o el otro progenitor a partir de la fecha del nacimiento, de la decisión administrativa de guarda con fines de adopción o acogimiento, o de la resolución judicial por la que se constituya la adopción, de:

a) Nueve semanas.
b) Dieciséis semanas.
c) Doce semanas.
d) Quince semanas.

80. ¿Qué complemento está destinado a retribuir el especial rendimiento, la actividad y dedicación extraordinarias y el interés o iniciativa con que se desempeñen los puestos de trabajo?

a) El complemento de productividad.
b) El complemento específico.
c) El complemento singular.
d) El complemento de dedicación especial.

81. Los funcionarios públicos tendrán derecho a disfrutar, durante cada año natural, de unas vacaciones retribuidas de:

a) Veinte días hábiles, o de los días que correspondan proporcionalmente si el tiempo de servicio durante el año fue menor.
b) Veintidós días hábiles, o de los días que correspondan proporcionalmente si el tiempo de servicio durante el año fue menor.
c) Veintiséis días hábiles, o de los días que correspondan proporcionalmente si el tiempo de servicio durante el año fue menor.
d) Treinta días hábiles, o de los días que correspondan proporcionalmente si el tiempo de servicio durante el año fue menor.

82. ¿Cuántos días hábiles de permiso se concederán en el caso de accidente o enfermedad graves, hospitalización o intervención quirúrgica sin hospitalización que precise de reposo domiciliario del cónyuge, pareja de hecho o parientes hasta el primer grado por consanguinidad o afinidad, así como de cualquier otra persona distinta de las anteriores que conviva con el funcionario o funcionaria en el mismo domicilio y que requiera el cuidado efectivo de aquella?

a) Tres días.
b) Cuatro días.
c) Cinco días.
d) Seis días.

83. ¿De cuántos días al año, con carácter general, podrá disponer el funcionario de permiso para asuntos personales sin justificación?

a) De hasta 6 días al año.
b) De hasta 7 días al año.
c) De hasta 8 días al año.
d) De hasta 9 días al año.

84. Como máximo y con carácter general, si se mantiene la necesidad de cuidado directo, continuo y permanente, el permiso por cuidado y con carácter general de hijo menor afectado por cáncer u otra enfermedad grave, se extenderá hasta que cumpla:

a) 12 años.
b) 18 años.

c) 16 años.
d) 23 años.

85. Por razón de matrimonio o constitución formalizada por documento público de pareja de hecho, los funcionarios tendrán derecho a una licencia de:

a) Diez días.
b) Un mes.
c) Quince días.
d) Veinte días.

86. A quienes se encuentren en situación de excedencia por interés particular:

a) Les será computable el tiempo que permanezcan en tal situación a efectos de ascensos.
b) Les será computable el tiempo que permanezcan en tal situación a efectos de trienios y derechos en el régimen de Seguridad Social que les sea de aplicación.
c) No devengarán retribuciones.
d) Todas las respuestas son correctas.

87. Señala la respuesta correcta respecto a la situación de servicios especiales:

a) A los funcionarios en situación de servicios especiales no se les computará el tiempo que permanezcan en esta situación a los efectos de ascensos, trienios o derechos pasivos.
b) Tendrán derecho a la reserva de plaza y destino.
c) Tendrán preferencia para el reingreso en el servicio activo.
d) Todas las respuestas son correctas.

88. Por nacimiento de hijos prematuros o que por cualquier otra causa deban permanecer hospitalizados a continuación del parto, la funcionaria o el funcionario tendrá derecho a ausentarse del trabajo durante:

a) Un máximo de una hora diaria percibiendo las retribuciones íntegras.
b) Un máximo de 2 horas diarias percibiendo las retribuciones íntegras.
c) Un máximo de 2,5 horas diarias percibiendo las retribuciones íntegras.
d) Un máximo de 3 horas diarias percibiendo las retribuciones íntegras.

89. El juramento o promesa a realizar por los funcionarios se efectúa:

a) Tras la toma de posesión.
b) Antes de ella.
c) En el mismo momento de la toma de posesión.
d) Ante órganos jurisdiccionales.

90. En el juramento o promesa que deben hacer los funcionarios se señala que se ha de cumplir las obligaciones del cargo con lealtad al/a la/a los:

a) Constitución.
b) Corporación.

c) Superiores.
d) Rey.

91. Las cantidades destinadas a financiar aportaciones a planes de pensiones o contratos de seguros tendrán a todos los efectos la consideración de:

a) Retribución básica.
b) Retribución complementaria.
c) Indemnizaciones.
d) Retribución diferida.

92. Por muerte de un tío carnal, teniendo en cuenta que es familiar dentro del tercer grado, se tiene derecho al siguiente permiso:

a) Dos días si es en la misma localidad.
b) Cuatro días si es en distinta localidad.
c) Ningún día.
d) Las respuestas a) y b) son correctas.

93. La disminución de la jornada por cuidado directo de un menor de seis años:

a) Puede equivaler a un tercio o un medio.
b) No implica reducción de retribuciones.
c) Comporta exclusivamente la reducción de las retribuciones complementarias.
d) Nada de lo anterior es cierto.

94. La observancia de las normas sobre seguridad y salud laboral:

a) Es un principio ético de los empleados públicos.
b) Se ajustará a lo que indiquen los representantes de los trabajadores.
c) Se establece solo para los puestos de trabajo cuyo desempeño suponga riesgos inequívocos.
d) Es obligatoria para todos los empleados públicos.

95. Cuando un funcionario haya sido declarado en la situación de suspensión, dicha situación determinará la pérdida del puesto de trabajo cuando la suspensión exceda de:

a) Seis meses.
b) Tres meses.
c) Cinco meses.
d) Dos meses.

96. Para el cumplimiento de un deber inexcusable de carácter público o personal, se tiene derecho a un permiso:

a) De tres días.
b) Por tiempo indispensable.

c) De cinco días.
d) De dos días.

97. En caso de excedencia por cuidado de hijos se tiene derecho a reserva del puesto de trabajo desempeñado, al menos, durante:

a) El tiempo que dure la excedencia.
b) Ningún momento.
c) Los dos primeros años.
d) Los tres primeros años.

98. Un funcionario que sea adscrito al servicio del Defensor del Pueblo quedará en su lugar de procedencia en la situación de:

a) Servicio activo.
b) Servicios especiales.
c) Servicio en Comunidad Autónoma.
d) Excedencia especial.

99. El funcionario que, por un procedimiento de provisión de puestos, obtenga destino en una Administración Pública distinta es declarado:

a) Excedente forzoso.
b) En situación de servicio en otras Administraciones Públicas.
c) Excedente voluntario.
d) En servicios especiales.

100. Los trienios se cobran:

a) En igual cuantía dentro de cada Subgrupo o Grupo de clasificación profesional, en el supuesto de que este no tenga Subgrupo.
b) En concepto de retribución complementaria.
c) Solo mensualmente, sin percibirse en las pagas extraordinarias.
d) Ninguna de las respuestas anteriores es correcta.

Solución al test n.º 2

1. d) Son correctas las respuestas b) y c).

2. b) El Decreto de Javier de Burgos, de 30 de noviembre de 1833.

3. a) Las Áreas Metropolitanas.

4. d) La Isla en los archipiélagos balear y canario y los municipios.

5. d) Será causa de disolución.

6. a) El Estado se organiza territorialmente en Municipios, en Provincias y en las Comunidades Autónomas que se constituyan.

7. a) El gobierno y la administración autónoma de las provincias estarán encomendados a las Diputaciones u otras Corporaciones de carácter representativo.

8. d) Todas las respuestas anteriores son correctas.

9. d) Sí.

10. d) Universal, igual, libre, directo y secreto, en la forma establecida en la ley.

11. c) Eficacia, jerarquía, descentralización, desconcentración y coordinación.

12. c) Real Decreto Legislativo 2/2004, de 5 de marzo.

13. c) La Ley Orgánica 5/1985, de 19 de junio, del Régimen Electoral General.

14. c) El Municipio.

15. c) La Asamblea Legislativa de la Comunidad Autónoma.

16. a) Las Áreas Metropolitanas.

17. a) Por las Cortes Generales mediante ley orgánica.

18. c) Entes.

19. d) 1986.

20. d) El Decreto de Javier de León, de 30 de noviembre de 1833.

21. c) La Ley 9/2017, de 8 de noviembre, de Contratos del Sector Público.

22. c) Capacidad y mérito.

23. d) Nada de lo expuesto es correcto.

24. a) Título de Técnico Superior.

25. d) Todas las respuestas son correctas.

26. b) Personal Eventual.

27. b) La condición de personal eventual podrá constituir mérito para el acceso a la Función Pública.

28. c) Igualdad, mérito y capacidad, así como el de publicidad.

29. c) Dos años.

30. a) Con población inferior a 5.001 habitantes y cuyo Presupuesto no exceda de 3.010.060 euros.

31. c) A la Subescala Administrativa de Administración General.

32. d) A la Subescala Auxiliar de Administración General.

33. b) Bachiller, Formación Profesional de Segundo Grado, o equivalente.

34. d) 5.000 habitantes.

35. d) 100.000 habitantes.

36. a) Agentes de la Autoridad.

37. a) La Jurisdicción competente en esta materia es la Contencioso-Administrativa.

38. d) La mitad de concejales de la Corporación local.

39. d) Semestralmente.

40. d) El Real Decreto Legislativo 5/2015, de 30 de octubre.

41. d) Laboral.

42. b) Personal Laboral.

43. b) Personal Eventual.

44. c) Funcionarios.

45. c) Título de Técnico Superior.

46. b) Publicidad.

47. d) Junta de Gobierno Local.

48. d) Todas las respuestas anteriores son correctas.

49. a) Título de Bachiller o Técnico.

50. d) C2.

51. c) Real Decreto Legislativo 5/2015, de 30 de octubre.

52. c) Presidente de la Corporación.

53. d) Las respuestas b) y c) son ciertas.

54. c) Es obligatoria para las Corporaciones Locales.

55. c) El Real Decreto 128/2018, de 16 de marzo.

56. b) Clase segunda.

57. d) Formarán parte del contenido del puesto de trabajo de Secretaría.

58. a) Sociología.

59. b) Facultativa.

60. c) Dos años.

61. c) Suboficial del Servicio de Extinción de Incendios.

62. c) Operarios.

63. a) Pleno.

64. d) Ninguna de las respuestas anteriores es correcta.

65. d) Las respuestas a) y c) son correctas.

66. b) Basta para que se lleve a cabo dicho despido.

67. d) Es un deber del mismo, por el cual no puede hacerle la competencia a la Corporación.

68. b) De un día.

69. a) Por razones de guarda legal, cuando el funcionario tenga el cuidado directo de algún menor de doce años, de persona mayor que requiera especial dedicación, o de una persona con discapacidad que no desempeñe actividad retribuida, tendrá derecho a la reducción de su jornada de trabajo, sin disminución de sus retribuciones.

70. c) Hasta el cincuenta por ciento de la jornada laboral, con carácter retribuido, por razones de enfermedad muy grave y por el plazo máximo de un mes.

71. b) Tres años.

72. b) Servicios especiales.

73. b) Cinco años inmediatamente anteriores.

74. d) Las funcionarias víctimas de violencia de género durante los tres primeros meses tendrán derecho a la reserva del puesto de trabajo que desempeñaran, siendo computable dicho período a efectos de antigüedad, carrera y derechos del régimen de Seguridad Social que sea de aplicación.

75. c) Al menos, durante dos años.

76. b) Dieciséis semanas.

77. d) No devengarán ni percibirán retribución alguna.

78. d) Todas las respuestas son correctas.

79. b) Dieciséis semanas.

80. a) El complemento de productividad.

81. b) Veintidós días hábiles, o de los días que correspondan proporcionalmente si el tiempo de servicio durante el año fue menor.

82. c) Cinco días.

83. a) De hasta 6 días al año.

84. d) 23 años.

85. c) Quince días.

86. c) No devengarán retribuciones.

87. b) Tendrán derecho a la reserva de plaza y destino.

88. b) Un máximo de 2 horas diarias percibiendo las retribuciones íntegras.

89. c) En el mismo momento de la toma de posesión.

90. d) Rey.

91. d) Retribución diferida.

92. c) Ningún día.

93. d) Nada de lo anterior es cierto.

94. d) Es obligatoria para todos los empleados públicos.

95. a) Seis meses.

96. b) Por tiempo indispensable.

97. c) Los dos primeros años.

98. b) Servicios especiales.

99. b) En situación de servicio en otras Administraciones Públicas.

100. a) En igual cuantía dentro de cada Subgrupo o Grupo de clasificación profesional, en el supuesto de que este no tenga Subgrupo.

TEST N.º 3

El Ayuntamiento de Jerez. Órganos de Gobierno. Organización y áreas municipales. Los edificios e instalaciones municipales del Ayuntamiento de Jerez de la Frontera: Ubicación, funciones y actividades que se desarrollan

1. ¿En qué fecha fue declarado el Ayuntamiento de Jerez de la Frontera como Municipio de Gran Población?

a) 28 de mayo de 2005.
b) 28 de mayo de 2009.
c) 10 de diciembre de 2008.
d) 16 de diciembre de 2003.

2. ¿Qué función corresponde al Alcalde o Alcaldesa según el Reglamento Orgánico Municipal?

a) Dirigir la política, el gobierno y la administración municipal, sin perjuicio de la acción colegiada de la Junta de Gobierno Local.
b) Establecer la estructura y organización del Pleno del Ayuntamiento.
c) Supervisar exclusivamente la gestión económica del Ayuntamiento.
d) Aprobar las ordenanzas municipales sin la intervención de la Junta de Gobierno Local.

3. ¿Cómo se efectúan las delegaciones por el Alcalde o Alcaldesa según el Reglamento Orgánico Municipal?

a) Mediante acuerdo verbal entre las partes, sin necesidad de formalización por escrito.
b) Mediante Decreto de Alcaldía, que especifica el ámbito, facultades y condiciones de las delegaciones.
c) Únicamente por acuerdo del Pleno del Ayuntamiento.
d) A través de una solicitud escrita del Concejal o Concejala afectado por la delegación.

4. ¿Cuál de las siguientes afirmaciones sobre la Junta de Gobierno Local es correcta?

a) Solo pueden ser miembros de la Junta de Gobierno Local los Concejales y Concejalas electos.

b) El número de miembros de la Junta de Gobierno Local no puede superar la mitad del número de miembros del Pleno.

c) El Alcalde o Alcaldesa puede nombrar como miembros de la Junta de Gobierno Local a personas que no sean Concejales o Concejalas, siempre que no superen un tercio de sus miembros.

d) La Junta de Gobierno Local no puede recibir atribuciones delegadas del Alcalde o Alcaldesa.

5. ¿Cuáles son los tipos de sesiones de la Junta de Gobierno Local?

a) Ordinarias deliberantes, ordinarias decisorias, extraordinarias y extraordinarias de carácter urgente.

b) Ordinarias deliberantes, ordinarias decisorias y extraordinarias.

c) Ordinarias, extraordinarias y urgentes.

d) Ordinarias, extraordinarias y de emergencia.

6. ¿Cuál de las siguientes afirmaciones sobre el Pleno Municipal es correcta?

a) El Pleno es convocado y presidido únicamente por el Alcalde o Alcaldesa, sin posibilidad de delegación.

b) Las Comisiones del Pleno están formadas por ciudadanos elegidos mediante consulta popular.

c) Corresponde al Pleno la aprobación de los Presupuestos municipales y la autorización de gastos en su competencia.

d) El Secretario General del Pleno es elegido por votación entre los miembros del Pleno.

7. ¿Cuál de las siguientes afirmaciones sobre las votaciones en el Pleno es correcta?

a) La votación nominal se realiza solo cuando la solicita un Grupo Político y se aprueba por mayoría absoluta del Pleno.

b) En caso de empate en una votación, se repetirá una sola vez y si persiste el empate, se anulará la votación.

c) La votación secreta es obligatoria en todos los acuerdos importantes del Pleno.

d) La mayoría absoluta se alcanza cuando los votos afirmativos son más de la mitad del número legal de miembros de la Corporación.

8. ¿Cuál de las siguientes afirmaciones sobre las Comisiones del Pleno es correcta?

a) Las Comisiones del Pleno están formadas por ciudadanos elegidos mediante votación popular.

b) Las Comisiones del Pleno pueden ser permanentes o especiales, dependiendo de su finalidad.

c) Las Comisiones especiales del Pleno se mantienen activas durante toda la legislatura.

d) La Presidencia de las Comisiones del Pleno debe ser ocupada por el Alcalde o Alcaldesa sin posibilidad de delegación.

9. En cuanto a las Áreas de Gobierno del Ayuntamiento de Jerez…:

a) Están formadas únicamente por Concejales elegidos en las elecciones municipales.

b) Cada una se estructura únicamente a través de Direcciones Generales y Departamentos.

c) Los Delegados de Área de Gobierno pueden ser cesados por el Alcalde o Alcaldesa mediante Decreto de Alcaldía.

d) Todas las Áreas de Gobierno cuentan con el mismo número de Delegaciones y Entidades Públicas.

10. ¿Cómo se estructuran las Áreas de Gobierno del Ayuntamiento de Jerez?

a) A través de Comisiones Especiales y Ordinarias.

b) Mediante Delegaciones de Área, Coordinadores Generales, Direcciones Generales, Servicios y Departamentos.

c) Por medio del Pleno y la Junta de Gobierno Local.

d) A través de entidades autónomas sin relación con el Ayuntamiento.

11. ¿Quién nombra y cesa a los Concejales Delegados de Área y a los Delegados de Área?

a) El Pleno del Ayuntamiento.

b) La Junta de Gobierno Local.

c) El Alcalde o Alcaldesa, mediante Decreto.

d) El Secretario General del Pleno.

12. ¿Dónde se centraliza la actividad de servicios sociales del Área de Acción Social y Mayores del Ayuntamiento de Jerez de la Frontera?

a) En el Ayuntamiento, ubicado en la Calle Consistorio.

b) En el Centro Rosa Roig, en el Polígono de San Benito.

c) En el Albergue Municipal.

d) En la Casa de las Mujeres.

13. ¿Cuál es el objetivo principal del Servicio de Promoción de la Salud del Ayuntamiento de Jerez?

a) Ofrecer únicamente atención médica gratuita a la población.

b) Garantizar el acceso a medicamentos a personas sin recursos.

c) Promocionar estilos de vida saludables y fomentar el empoderamiento ciudadano en materia de salud.

d) Realizar inspecciones sanitarias en establecimientos comerciales.

14. ¿Cuál de las siguientes afirmaciones describe correctamente el edificio que alberga la sede central del Ayuntamiento de Jerez de la Frontera?

a) Fue construido en el siglo XIX como una estructura gubernamental y nunca ha sido rehabilitado.

b) Es un edificio moderno sin elementos históricos, diseñado exclusivamente para funciones administrativas.

c) Fue originalmente un palacio real del siglo XVIII que se transformó en sede del Ayuntamiento en el siglo XX.

d) Fue el antiguo Hospital de la Caridad, fundado a finales del siglo XVII, que conserva arcadas y patios interiores, y fue rehabilitado en 1987.

15. ¿Cuál de los siguientes servicios se ofrece a personas en situación de exclusión social según el área de Acción Social y Mayores?

a) SIVOA - Información, Valoración, Orientación y Asesoramiento sobre Servicios Sociales.

b) Talleres de arte y cultura para jóvenes en riesgo social.

c) Consultoría empresarial para asociaciones sin ánimo de lucro.

d) Programas de reinserción laboral para personas con discapacidad.

16. ¿Cuál de las siguientes afirmaciones es correcta sobre la Mesa de Protección y Bienestar Animal en Jerez de la Frontera?

a) Fue constituida el 17 de septiembre de 2019, con el objetivo de mejorar la Ordenanza de Tenencia de Animales y crear protocolos para denuncias de maltrato animal.

b) Su única función es la adopción de animales perdidos en la ciudad.

c) La mesa se dedica exclusivamente a la gestión de parques caninos y su mantenimiento.

d) Está compuesta solo por representantes del Ayuntamiento, sin la participación de otras entidades.

17. ¿Qué institución de Jerez se encarga de exhibir una colección única de casi 300 relojes históricos de los siglos XVII al XIX?

a) Museo del Enganche.

b) Museo Arqueológico.

c) Teatro Villamarta.

d) Museos de la Atalaya.

18. ¿Qué objetivo tiene el programa de "Deporte Ciudadano" en Jerez?

a) Fomentar la actividad física exclusivamente en la tercera edad.

b) Promover la actividad física y el deporte en todas las edades, buscando la inclusión, tolerancia y convivencia.

c) Mejorar el rendimiento físico de los deportistas de alto nivel.

d) Aumentar la cantidad de competiciones deportivas para jóvenes.

19. ¿Cuál es el objetivo principal de la Escuela Municipal de Música de Jerez?

a) Organizar conciertos y eventos deportivos en la ciudad.
b) Impartir clases de música a nivel universitario.
c) Promover la práctica y el gusto por la música en todos los ámbitos, preferentemente educativos.
d) Enseñar a los estudiantes a tocar instrumentos de viento.

20. ¿Qué objetivo tiene el programa "Jerez Emprende"?

a) Ofrecer formación exclusiva a empleados públicos.
b) Desarrollar programas para personas desempleadas en sectores específicos.
c) Proveer espacios para la integración laboral de personas mayores.
d) Fomentar y apoyar el emprendimiento en la ciudad, ofreciendo recursos y asesoramiento a emprendedores y empresas en sus primeras etapas.

21. ¿Cuál es la dirección de la Delegación de Cultura y Fiestas del Ayuntamiento de Jerez de la Frontera?

a) Avenida de la Solidaridad, s/n.
b) Calle Paúl, s/n.
c) Calle Álvaro Domecq, 5-7-9.
d) Palacio de Villapanés. Calle Empedrada, 2, 11401.

22. ¿Cuál es la dirección de la Delegación de Igualdad y Diversidad del Ayuntamiento de Jerez de la Frontera?

a) Calle Liebre nº 23, 11408.
b) Calle Empedrada, 2, 11401.
c) Avenida Álvaro Domecq, 5-7-9.
d) C/ Paúl, s/n.

23. ¿Cuál de las siguientes actividades forma parte de las funciones de la Delegación de Juventud del Ayuntamiento de Jerez?

a) Organización de eventos deportivos para jóvenes.
b) Organización de actividades culturales y recreativas como el 'Festivalucho'.
c) Creación de programas de empleo juvenil.
d) Gestión de infraestructuras urbanas.

24. ¿Cuál de las siguientes actividades es gestionada por el Área de Medio Ambiente del Ayuntamiento de Jerez de la Frontera?

a) Organización de eventos culturales y recreativos.
b) Promoción de la formación académica para jóvenes.
c) Implementación de sistemas de recogida selectiva y reciclaje.
d) Construcción de infraestructuras urbanas.

25. ¿Qué función tiene el Área de Medio Rural del Ayuntamiento de Jerez de la Frontera?

a) Actuar como enlace entre las Entidades Locales Autónomas (ELAs) y el Ayuntamiento.
b) Gestionar el asesoramiento y la participación ciudadanas.
c) El control de la contaminación.
d) Supervisar la seguridad en los barrios urbanos.

26. ¿Cuál es una de las principales funciones del Área de Movilidad del Ayuntamiento de Jerez de la Frontera?

a) Supervisar y regular el tráfico vehicular y peatonal en la ciudad.
b) Gestionar el turismo y los eventos culturales.
c) Organizar espectáculos ecuestres.
d) Gestionar las bodegas y visitas turísticas.

27. ¿Qué servicio ofrece la Oficina de Atención a la Ciudadanía (OAC) del Ayuntamiento de Jerez de la Frontera?

a) Gestión de trámites educativos para estudiantes.
b) Certificados y Volantes de Empadronamiento.
c) Registro de asociaciones políticas.
d) Asesoramiento sobre turismo y patrimonio histórico.

28. ¿Cuál es una de las funciones del cuerpo de Vigilantes Municipales de Jerez de la Frontera?

a) Planificación de emergencias para desastres naturales.
b) Extinción de incendios en áreas urbanas y rurales.
c) Supervisión de espacios públicos como parques y plazas.
d) Coordinación con el servicio regional de emergencias 112.

29. ¿Qué función realiza el Servicio de Informática del Ayuntamiento de Jerez de la Frontera?

a) Crear y mantener aplicaciones para optimizar la gestión interna y los servicios ofrecidos a la ciudadanía.
b) Prestar atención directa a los ciudadanos para resolver dudas sobre trámites municipales.
c) Gestionar los procesos de urbanización y planificación de infraestructuras.
d) Coordinar telemáticamente la seguridad ciudadana en situaciones de emergencia.

30. ¿Cuál de las siguientes funciones corresponde a la Delegación de Urbanismo del Ayuntamiento de Jerez de la Frontera?

a) Supervisión de intervenciones en edificios catalogados como patrimonio histórico.
b) Autorización para la organización de eventos culturales en la ciudad.
c) Prestación de servicios sanitarios y sociales a la ciudadanía.
d) Regulación de la contaminación acústica en la ciudad.

Solución al test n.º 3

1. b) 28 de mayo de 2009.

2. a) Dirigir la política, el gobierno y la administración municipal, sin perjuicio de la acción colegiada de la Junta de Gobierno Local.

3. b) Mediante Decreto de Alcaldía, que especifica el ámbito, facultades y condiciones de las delegaciones.

4. c) El Alcalde o Alcaldesa puede nombrar como miembros de la Junta de Gobierno Local a personas que no sean Concejales o Concejalas, siempre que no superen un tercio de sus miembros.

5. a) Ordinarias deliberantes, ordinarias decisorias, extraordinarias y extraordinarias de carácter urgente.

6. c) Corresponde al Pleno la aprobación de los Presupuestos municipales y la autorización de gastos en su competencia.

7. d) La mayoría absoluta se alcanza cuando los votos afirmativos son más de la mitad del número legal de miembros de la Corporación.

8. b) Las Comisiones del Pleno pueden ser permanentes o especiales, dependiendo de su finalidad.

9. c) Los Delegados de Área de Gobierno pueden ser cesados por el Alcalde o Alcaldesa mediante Decreto de Alcaldía.

10. b) Mediante Delegaciones de Área, Coordinadores Generales, Direcciones Generales, Servicios y Departamentos.

11. c) El Alcalde o Alcaldesa, mediante Decreto.

12. b) En el Centro Rosa Roig, en el Polígono de San Benito.

13. c) Promocionar estilos de vida saludables y fomentar el empoderamiento ciudadano en materia de salud.

14. d) Fue el antiguo Hospital de la Caridad, fundado a finales del siglo XVII, que conserva arcadas y patios interiores, y fue rehabilitado en 1987.

15. a) SIVOA - Información, Valoración, Orientación y Asesoramiento sobre Servicios Sociales.

16. a) Fue constituida el 17 de septiembre de 2019, con el objetivo de mejorar la Ordenanza de Tenencia de Animales y crear protocolos para denuncias de maltrato animal.

17. d) Museos de la Atalaya.

18. b) Promover la actividad física y el deporte en todas las edades, buscando la inclusión, tolerancia y convivencia.

19. c) Promover la práctica y el gusto por la música en todos los ámbitos, preferentemente educativos.

20. d) Fomentar y apoyar el emprendimiento en la ciudad, ofreciendo recursos y asesoramiento a emprendedores y empresas en sus primeras etapas.

21. d) Palacio de Villapanés. Calle Empedrada, 2, 11401.

22. a) Calle Liebre nº 23, 11408.

23. b) Organización de actividades culturales y recreativas como el 'Festivalucho'.

24. c) Implementación de sistemas de recogida selectiva y reciclaje.

25. a) Actuar como enlace entre las Entidades Locales Autónomas (ELAs) y el Ayuntamiento.

26. a) Supervisar y regular el tráfico vehicular y peatonal en la ciudad.

27. b) Certificados y Volantes de Empadronamiento.

28. c) Supervisión de espacios públicos como parques y plazas.

29. a) Crear y mantener aplicaciones para optimizar la gestión interna y los servicios ofrecidos a la ciudadanía.

30. d) Regulación de la contaminación acústica en la ciudad.

TEST N.º 4

Transparencia. Acceso a la información pública. Protección de datos

1. La cualidad que permite y facilita el acceso de los ciudadanos a la información pública en poder de la Administración dentro de los límites establecidos por la legislación vigente, se conoce como:

a) Accesibilidad.
b) Transparencia.
c) Objetividad.
d) Buen gobierno.

2. Señalar la opción incorrecta. Según el preámbulo de la Ley 19/2013, de 9 de diciembre, de transparencia, acceso a la información pública y buen gobierno, los 3 ejes fundamentales de toda acción política deben ser:

a) La transparencia.
b) La promoción de la administración electrónica.
c) El acceso a la información pública.
d) Las normas de buen gobierno.

3. Señalar la opción incorrecta. La solicitud de acceso a la información pública podrá presentarse por cualquier medio que permita tener constancia de:

a) La identidad del solicitante.
b) La información que se solicita.
c) Una dirección de contacto, preferentemente electrónica, a efectos de comunicaciones.
d) La motivación de la solicitud.

4. No es una causa de inadmisión de las solicitudes de acceso a la información pública:

a) Que se refieran a información que esté en curso de elaboración o de publicación general.
b) Que se dirijan a un órgano en cuyo poder no obre la información.

c) Que sean manifiestamente repetitivas.

d) Que se refieran a información para cuya divulgación sea necesaria una acción previa de reelaboración.

5. Con carácter previo a la elaboración de un proyecto o anteproyecto de ley o de un reglamento, se sustanciará una consulta pública, a través del portal web de la Administración competente en la que se recabará la opinión de los sujetos y de las organizaciones más representativas potencialmente afectados por la futura norma. La consulta pública podrá omitirse cuando la propuesta normativa:

a) Tenga un impacto significativo en la actividad económica.

b) Imponga obligaciones relevantes a los destinatarios.

c) Trate de normas presupuestarias u organizativas de la Administración Pública.

d) Regule aspectos parciales de una materia.

6. Según lo previsto en el artículo 18 de la Ley 19/2013, de 9 de diciembre, de transparencia, acceso a la información pública y buen gobierno, se inadmitirán a trámite, mediante resolución motivada, las solicitudes de acceso a la información:

a) Relativas a los intereses económicos y turísticos.

b) Relativas a la garantía de la confidencialidad o el secreto requerido en procesos de toma de decisión.

c) Relativas a información para cuya divulgación sea necesaria una acción previa de reelaboración.

d) Relativas a infraestructuras críticas.

7. El acceso a la información pública requiere:

a) Solicitud previa.

b) Acreditación de la condición de interesado.

c) Motivación expresa.

d) La utilización de medios telemáticos.

8. ¿Cuántos vocales integran el Foro de Gobierno Abierto?

a) 8 vocales.

b) 16 vocales.

c) 32 vocales.

d) 64 vocales.

9. ¿A quién corresponde la Presidencia del Foro de Gobierno Abierto?

a) A la persona titular del Ministerio para la Transformación Digital y de la Función Pública.

b) A la persona titular de la Secretaría de Estado de Función Pública.

c) Al Director General de Función Pública.

d) Al Director General de Gobernanza Pública.

10. Deberán cumplir las obligaciones de transparencia establecidas en la legislación básica los partidos políticos, organizaciones sindicales y organizaciones empresariales, en todo caso, y las iglesias, confesiones, comunidades y otras entidades inscritas en el Registro de Entidades Religiosas, las corporaciones, asociaciones, instituciones, entidades representativas de intereses colectivos y otras entidades que perciban durante el período de un año ayudas o subvenciones públicas en cuantía superior a:

a) 5.000 euros.
b) 20.000 euros.
c) 50.000 euros.
d) 100.000 euros.

11. En virtud de qué principio proclamado por la Ley 1/2014, se proporcionará información estructurada sobre los documentos y recursos de información con vistas a facilitar la identificación y búsqueda de la información:

a) Principio de veracidad.
b) Principio de accesibilidad.
c) Principio de utilidad.
d) Principio de facilidad y comprensión.

12. Conforme al artículo 7 de la Ley 1/2014, el derecho a la publicidad activa consiste en el derecho de cualquier persona a que los poderes públicos publiquen la información veraz cuyo conocimiento sea relevante para garantizar la transparencia de su actividad, de forma periódica y:

a) Actualizada.
b) Abierta.
c) Comprensiva.
d) Efectiva.

13. El derecho al uso de la información obtenida, consiste en el derecho a utilizar tal información:

a) Sin ningún tipo de limitación.
b) Previa autorización.
c) Sin necesidad de autorización previa y sin ningún tipo de limitación.
d) Sin necesidad de autorización previa y sin más limitaciones de las que deriven de las leyes.

14. Las personas que accedan a información pública en aplicación de lo dispuesto en la Ley 1/2014 estarán sometidas al cumplimiento de la obligación de ejercer su derecho con respeto a los principios de buena fe y/e:

a) Confidencialidad.
b) Interés personal.
c) Interdicción del abuso de derecho.
d) Protección de datos de carácter personal.

15. Cuando la información pública contuviera datos especialmente protegidos:

a) No se podrá llevar a cabo la publicidad activa.
b) Se publicará previo aviso a los interesados.
c) La información pública no está afectada por la Ley orgánica de protección de datos de carácter personal.
d) La publicidad sólo se llevará a cabo previa disociación de dichos datos.

16. Toda la información pública señalada en el título II de la Ley 1/2014 se publicará y actualizará, con carácter general:

a) Semanalmente.
b) Mensualmente.
c) Trimestralmente.
d) Semestralmente.

17. Conforme al artículo 12 de la Ley 1/2014, las administraciones públicas, las sociedades mercantiles y las fundaciones públicas andaluzas publicarán los planes y programas anuales y plurianuales en los que se fijen objetivos concretos, así como las actividades, medios y tiempo previsto para su consecución, tan pronto sean aprobados y, en todo caso, en el plazo máximo de:

a) 10 días.
b) 20 días.
c) 1 mes.
d) 3 meses.

18. El uso de documentos que obran en poder de las Administraciones y organismos del sector público, por personas físicas o jurídicas, con fines comerciales o no comerciales, siempre que dicho uso no constituya una actividad administrativa pública, constituye lo que se llama:

a) Reutilización.
b) Publicidad activa.
c) Redistribución.
d) Aprovechamiento.

19. En el ámbito de la Administración de la Junta de Andalucía y sus entidades instrumentales, el plazo máximo para dictar y notificar la resolución de una solicitud de acceso a la información pública será de:

a) 20 días hábiles desde la recepción de la solicitud por el órgano competente para resolver, prorrogables por igual período en el caso de que el volumen o la complejidad de la información solicitada lo requieran.
b) 20 días hábiles desde la recepción de la solicitud por el órgano competente para resolver, no prorrogables.

c) 20 días naturales desde la recepción de la solicitud por el órgano competente para resolver, prorrogables por igual período en el caso de que el volumen o la complejidad de la información solicitada lo requiera.

d) 20 días naturales desde la recepción de la solicitud por el órgano competente para resolver, no prorrogables.

20. Podrá interponerse reclamación ante el Consejo de Transparencia y la Protección de Datos de Andalucía, con carácter potestativo y previo a su impugnación en vía contencioso-administrativa, frente a las resoluciones referentes al derecho de acceso a la información pública dictadas por:

a) El Parlamento de Andalucía.
b) El Consejo de Gobierno.
c) El Defensor del Pueblo Andaluz.
d) El Consejo Audiovisual de Andalucía.

21. La persona que ejerza la Dirección del Consejo de Transparencia y Protección de Datos de Andalucía será nombrada por el Consejo de Gobierno por un periodo de:

a) 3 años.
b) 4 años.
c) 5 años.
d) 6 años.

22. La designación de la persona que ejerza la Dirección del Consejo de Transparencia y Protección de Datos de Andalucía corresponde al Parlamento de Andalucía, por mayoría absoluta, y deberá recaer en una persona de reconocido prestigio y competencia profesional con una experiencia mínima en materias relacionadas con la administración pública, de:

a) 5 años.
b) 10 años.
c) 7 años.
d) 15 años.

23. La Comisión Consultiva del Consejo de Transparencia y Protección de Datos de Andalucía estará compuesta por la persona que ejerza la Dirección del Consejo y:

a) 8 miembros.
b) 10 miembros.
c) 12 miembros.
d) 14 miembros.

24. En materia de transparencia y protección de datos, la Comisión Consultiva de la Transparencia y la Protección de Datos, se constituye como órgano de consulta y:

a) Participación.
b) Dirección.
c) Registro.
d) Gestión.

25. Según el artículo 43 de la Ley 1/2014, de 24 de junio de Transparencia Pública de Andalucía, se crea el Consejo de Transparencia y Protección de Datos de Andalucía, como:

a) Autoridad independiente de control en materia de protección de datos y de transparencia en la Comunidad Autónoma de Andalucía.

b) Autoridad en materia de protección de datos y de transparencia en la Comunidad Autónoma de Andalucía. Su relación con la Administración de la Junta de Andalucía se llevará a cabo a través de la Consejería de Hacienda.

c) Autoridad en materia de protección de datos y de transparencia en la Comunidad Autónoma de Andalucía dependiente de la Consejería de Presidencia.

d) Autoridad que ejercerá sus funciones con objetividad, profesionalidad, sometimiento al ordenamiento jurídico y plena dependencia de las administraciones públicas en el ejercicio de las mismas.

26. Según el artículo 18.3 de la Constitución Española, se garantiza el secreto de las comunicaciones y, en especial, de las postales, telegráficas y telefónicas:

a) Siempre.

b) Salvo resolución judicial.

c) Excepto en los casos que establezcan las leyes.

d) Salvo consentimiento del interesado.

27. Es correcto, conforme a la disposición adicional 3.ª de la LO 3/2018, que:

a) Cuando los plazos se señalen por días, se entiende que estos son naturales.

b) Si el plazo se fija en semanas, concluirá el día anterior al día de la semana en que se produjo el hecho que determina su iniciación en la semana de vencimiento.

c) Si el plazo se fija en años, concluirá el mismo día en que se produjo el hecho que determina su iniciación en el año de vencimiento.

d) Cuando el último día del plazo sea inhábil, se entenderá adelantado al último día hábil anterior.

28. El RGPD lo define como la persona física o jurídica, autoridad pública, servicio u otro organismo que trate datos personales por cuenta del responsable del tratamiento:

a) El Delegado.

b) El Encargado.

c) El Representante.

d) El Tratante.

29. Según el artículo 3 de la LO 3/2018, los requisitos y condiciones para acreditar la validez y vigencia de los mandatos e instrucciones de las personas fallecidas respecto al acceso a los datos personales de estas por parte de las personas o instituciones que designaran expresamente, serán establecidos:

a) Por medio de una Directiva europea.

b) Por Ley estatal.

c) Por Ley autonómica.
d) Por Real Decreto.

30. El artículo 4 de la LO 3/2018 señala que, conforme al artículo 5.1.d) del Reglamento (UE) 2016/679, los datos serán exactos y, si fuere necesario:

a) Actualizados.
b) Aproximados.
c) Normalizados.
d) Digitalizados.

31. Señala la respuesta incorrecta. No será imputable al responsable del tratamiento, siempre que este haya adoptado todas las medidas razonables para que se supriman o rectifiquen sin dilación, la inexactitud de los datos personales, con respecto a los fines para los que se tratan, cuando los datos inexactos:

a) Hubiesen sido obtenidos por el responsable directamente del encargado.
b) Hubiesen sido obtenidos por el responsable de un mediador o intermediario en caso de que las normas aplicables al sector de actividad al que pertenezca el responsable del tratamiento establecieran la posibilidad de intervención de un intermediario o mediador que recoja en nombre propio los datos de los afectados para su transmisión al responsable.
c) Fuesen sometidos a tratamiento por el responsable por haberlos recibido de otro responsable en virtud del ejercicio por el afectado del derecho a la portabilidad.
d) Fuesen obtenidos de un registro público por el responsable.

32. Conforme al artículo 5.1 de la LO 3/2018, estarán sujetas al deber de confidencialidad:

a) Únicamente los responsables del tratamiento.
b) Los responsables y encargados del tratamiento.
c) Los responsables y encargados del tratamiento de datos así como todas las personas que intervengan en cualquier fase de este.
d) Los responsables y encargados del tratamiento de datos así como todas las personas que intervengan en todas las fases de este.

33. Conforme a los artículos 4.11 del RGPD y 6.1 de la LO 3/2018, se entiende por *consentimiento del afectado* la aceptación, ya sea mediante una declaración o una clara acción afirmativa, del tratamiento de datos personales que le conciernen manifestada por voluntad libre, de forma específica, informada e/y:

a) Detallada.
b) Unitaria.
c) Inequívoca.
d) Por escrito.

57

34. Cuando se pretenda fundar el tratamiento de los datos en el consentimiento del afectado para una pluralidad de finalidades:

a) Será preciso que conste de manera específica e inequívoca que dicho consentimiento se otorga para todas ellas.

b) Será necesario demostrar que el afectado consintió expresa e inequívocamente en alguna de las finalidades y, que el resto de finalidades están claramente relacionadas con aquella.

c) El responsable debe demostrar la adecuación de las distintas finalidades a un único objeto.

d) El consentimiento del afectado solo puede afectar a una finalidad. Cada finalidad precisa un consentimiento propio e independiente.

35. Según el artículo 8.1 de la LO 3/2018, el tratamiento de datos personales solo podrá considerarse fundado en el cumplimiento de una obligación legal exigible al responsable:

a) Cuando así lo prevea una norma de Derecho de la Unión Europea o una norma con rango de ley.

b) Cuando el tratamiento se considere una misión realizada en interés público.

c) Cuando se trate del ejercicio de poderes públicos conferidos al responsable.

d) Cuando el responsable sea un órgano u organismo público.

36. Conforme al artículo 9 de la LO 3/2018, de 5 de diciembre, de Protección de Datos Personales y garantía de los derechos digitales, ¿cuál de los siguientes tratamientos de categorías especiales de datos fundados en el Derecho español deberá estar amparado en una norma con rango de ley?

a) El interesado dio su consentimiento explícito para el tratamiento de dichos datos personales con uno o más de los fines especificados.

b) El tratamiento es necesario para el cumplimiento de obligaciones y el ejercicio de derechos específicos del responsable del tratamiento o del interesado en el ámbito del Derecho laboral y de la seguridad y protección social.

c) El tratamiento es necesario para proteger intereses vitales del interesado o de otra persona física, en el supuesto de que el interesado no esté capacitado, física o jurídicamente, para dar su consentimiento.

d) El tratamiento es necesario por razones de interés público en el ámbito de la salud pública, como la protección frente a amenazas transfronterizas graves para la salud, o para garantizar elevados niveles de calidad y de seguridad de la asistencia sanitaria y de los medicamentos o productos sanitarios.

37. La LO 3/2018, de 5 de diciembre, de Protección de Datos Personales y garantía de los derechos digitales, tiene por objeto garantizar los derechos digitales de la ciudadanía conforme al mandato del artículo de la Constitución:

a) 9.2.

b) 10.1.

c) 18.4.
d) 20.4.

38. Señala la respuesta incorrecta. Conforme al artículo 11.2 de la LO 3/2018, la información básica que el responsable del tratamiento ha de facilitar al afectado, cuando los datos personales se hayan obtenido de este, debe contener obligatoriamente:

a) La finalidad del tratamiento.
b) La identidad del responsable del tratamiento y de su representante, en su caso.
c) La posibilidad de ejercer los derechos establecidos en los artículos 15 a 22 del RGPD.
d) Las categorías de datos objeto de tratamiento.

39. Conforme al RGPD, cuando se aplique el consentimiento para el tratamiento de sus datos personales para uno o varios fines específicos en relación con la oferta directa a niños de servicios de la sociedad de la información, el tratamiento de los datos personales de un niño se considerará lícito cuando este tenga como mínimo:

a) 12 años.
b) 13 años.
c) 14 años.
d) 16 años.

40. Según el artículo 7.1 de la LO 3/2018, el tratamiento de los datos personales de un menor de edad únicamente podrá fundarse en su consentimiento cuando sea mayor de:

a) 12 años.
b) 13 años.
c) 14 años.
d) 16 años.

41. En virtud del derecho de acceso al que se refiere el artículo 15 del Reglamento (UE) 2016/679, del Parlamento Europeo y del Consejo, de 27 de abril, relativo a la protección de las personas físicas en lo que respecta al tratamiento de datos personales y a la libre circulación de estos datos y por el que se deroga la Directiva 95/46/CE:

a) El interesado tendrá derecho a conocer si sus datos de carácter personal están siendo tratados, qué datos son objeto de dicho tratamiento, la finalidad del mismo, el origen de los citados datos y si se han comunicado o se van a comunicar a un tercero.
b) El interesado, previo pago de un canon, tendrá derecho a obtener información sobre sus datos de carácter personal sometidos a tratamiento.
c) El interesado tiene derecho a conocer el nombre y apellidos de las personas que han accedido a sus datos.
d) El interesado tendrá derecho a obtener información de sus datos de carácter personal sometidos a tratamiento, pero no de las comunicaciones que se prevean hacer de ellos.

42. Conforme al artículo 12 de la LO 3/2018, los derechos reconocidos en los artículos 15 a 22 del RGPD:

a) Solo podrán ser ejercidos directamente por el afectado.
b) Deberán ejercerse bien directamente por el afectado o por representante legal.
c) Deberán ejercerse bien directamente por el afectado o por representante voluntario.
d) Podrán ejercerse directamente o por medio de representante legal o voluntario.

43. Según el artículo 12.4 de la LO 3/2018, la prueba del cumplimiento del deber de responder a la solicitud de ejercicio de sus derechos formulado por el afectado recaerá:

a) Sobre el responsable del tratamiento.
b) Sobre el encargado del tratamiento.
c) Bien sobre el responsable o bien sobre el encargado.
d) Sobre el representante legal del afectado.

44. En virtud del artículo 12 de la LO 3/2018 es cierto, en relación con los medios para que el afectado pueda ejercer sus derechos, que:

a) El encargado del tratamiento estará obligado a informar al afectado sobre los medios a su disposición para ejercer los derechos que le corresponden.
b) Los medios deberán ser consensuados con los afectados antes de poner en marcha el tratamiento.
c) Los medios deberán ser fácilmente accesibles para el afectado.
d) El ejercicio del derecho podrá ser denegado cuando el afectado opte por otro medio.

45. En relación con el derecho de acceso, el artículo 13 de la LO 3/2018 dispone que:

a) Cuando el responsable trate una gran cantidad de datos relativos al afectado y este ejercite su derecho de acceso sin especificar si se refiere a todos o a una parte de los datos, el responsable deberá facilitar la totalidad de los datos.
b) El derecho de acceso se entenderá otorgado si el responsable del tratamiento facilitara al afectado un sistema de acceso remoto, directo y seguro a los datos personales que garantice, temporalmente, el acceso a su totalidad.
c) Se podrá considerar repetitivo el ejercicio del derecho de acceso en más de una ocasión durante el plazo de seis meses, a menos que exista causa legítima para ello.
d) Cuando el afectado elija un medio distinto al que se le ofrece deberá asumir los costes que su elección comporte.

46. Entre los principios relativos al tratamiento recogidos en el artículo 5 del RGPD no figura:

a) El principio de limitación de la finalidad.
b) El principio de seguridad de la información.
c) El principio de minimización de datos.
d) El principio de responsabilidad proactiva.

47. ¿En virtud de qué principio el responsable del tratamiento deberá aplicar medidas técnicas y organizativas apropiadas a fin de garantizar y poder demostrar que el tratamiento es conforme con el Reglamento?

a) Principio de responsabilidad proactiva.
b) Principio de limitación del plazo de conservación.
c) Principio de exactitud.
d) Principio de licitud, lealtad y transparencia.

48. Según el artículo 11.1 del RGPD, si los fines para los cuales un responsable trata datos personales que no requieren o ya no requieren la identificación de un interesado por el responsable, este no estará obligado a mantener, obtener o tratar información .... con vistas a identificar al interesado con la única finalidad de cumplir el presente Reglamento. ¿Qué palabra falta en la frase?

a) Adicional.
b) Superflua.
c) Irrelevante.
d) Confidencial.

49. Según el artículo 16 del RGPD el interesado tendrá derecho a obtener sin dilación indebida del responsable del tratamiento la .... de los datos personales inexactos que le conciernan. ¿Cuál de las siguientes palabras completa correctamente la frase?

a) Supresión.
b) Rectificación.
c) Paralización.
d) Cancelación.

50. Según el artículo 5 del *Reglamento (UE) 2016/679, de 27 de abril, relativo a la protección de las personas físicas en lo que respecta al tratamiento de datos personales y a la libre circulación de estos datos*, los datos personales serán tratados, en relación con el interesado, de manera lícita, leal y:

a) Fiable.
b) Segura.
c) Confidencial.
d) Transparente.

Solución al test n.º 4

1. b) Transparencia.

2. b) La promoción de la administración electrónica.

3. d) La motivación de la solicitud.

4. b) Que se dirijan a un órgano en cuyo poder no obre la información.

5. d) Regule aspectos parciales de una materia.

6. c) Relativas a información para cuya divulgación sea necesaria una acción previa de reelaboración.

7. a) Solicitud previa.

8. d) 64 vocales.

9. b) A la persona titular de la Secretaría de Estado de Función Pública.

10. d) 100.000 euros.

11. b) Principio de accesibilidad.

12. a) Actualizada.

13. d) Sin necesidad de autorización previa y sin más limitaciones de las que deriven de las leyes.

14. c) Interdicción del abuso de derecho.

15. d) La publicidad sólo se llevará a cabo previa disociación de dichos datos.

16. c) Trimestralmente.

17. b) 20 días.

18. a) Reutilización.

19. a) 20 días hábiles desde la recepción de la solicitud por el órgano competente para resolver, prorrogables por igual período en el caso de que el volumen o la complejidad de la información solicitada lo requiera.

20. b) El Consejo de Gobierno.

21. c) 5 años.

22. d) 15 años.

23. d) 14 miembros.

24. a) Participación.

25. a) Autoridad independiente de control en materia de protección de datos y de transparencia en la Comunidad Autónoma de Andalucía.

26. b) Salvo resolución judicial.

27. c) Si el plazo se fija en años, concluirá el mismo día en que se produjo el hecho que determina su iniciación en el año de vencimiento.

28. b) El Encargado.

29. d) Por Real Decreto.

30. a) Actualizados.

31. a) Hubiesen sido obtenidos por el responsable directamente del encargado.

32. c) Los responsables y encargados del tratamiento de datos así como todas las personas que intervengan en cualquier fase de este.

33. c) Inequívoca.

34. a) Será preciso que conste de manera específica e inequívoca que dicho consentimiento se otorga para todas ellas.

35. a) Cuando así lo prevea una norma de Derecho de la Unión Europea o una norma con rango de ley.

36. d) El tratamiento es necesario por razones de interés público en el ámbito de la salud pública, como la protección frente a amenazas transfronterizas graves para la salud, o para garantizar elevados niveles de calidad y de seguridad de la asistencia sanitaria y de los medicamentos o productos sanitarios.

37. c) 18.4.

38. d) Las categorías de datos objeto de tratamiento.

39. d) 16 años.

40. c) 14 años.

41. a) El interesado tendrá derecho a conocer si sus datos de carácter personal están siendo tratados, qué datos son objeto de dicho tratamiento, la finalidad del mismo, el origen de los citados datos y si se han comunicado o se van a comunicar a un tercero.

42. d) Podrán ejercerse directamente o por medio de representante legal o voluntario.

43. a) Sobre el responsable del tratamiento.

44. c) Los medios deberán ser fácilmente accesibles para el afectado.

45. c) Se podrá considerar repetitivo el ejercicio del derecho de acceso en más de una ocasión durante el plazo de seis meses, a menos que exista causa legítima para ello.

46. b) El principio de seguridad de la información.

47. a) Principio de responsabilidad proactiva.

48. a) Adicional.

49. b) Rectificación.

50. d) Transparente.

TEST N.º 5

Igualdad y Género. Políticas de igualdad

1. Según su artículo 1, la LO 3/2007 tiene por objeto hacer efectivo el derecho de:

a) Conciliación de la vida laboral y familiar de mujeres y hombres.
b) Igualdad de trato y de oportunidades entre mujeres y hombres.
c) Participación en los asuntos públicos en igualdad de condiciones.
d) No discriminación por razón de sexo.

2. Las obligaciones establecidas en la LO 3/2007 son de aplicación a:

a) A toda persona, física o jurídica, que se encuentre o actúe en territorio español, cualquiera que fuese su nacionalidad, domicilio o residencia.
b) A todos los ciudadanos españoles, ya sea en territorio español o territorio de cualquier país extranjero.
c) A toda persona, física o jurídica, que se encuentre o actúe en territorio español, con nacionalidad española.
d) A toda persona, física o jurídica, que resida en territorio español, cualquiera que fuese su nacionalidad.

3. Según el artículo 4 de la LO 3/2007, la igualdad de trato y de oportunidades entre mujeres y hombres:

a) Es un deber de las Administraciones Públicas.
b) Es una fuente formal del Derecho.
c) Es un principio informador del ordenamiento jurídico.
d) Es un objetivo fundamental del procedimiento administrativo.

4. El principio de igualdad de trato y de oportunidades entre mujeres y hombres:

a) Solo se aplica en el ámbito del empleo público.
b) Se garantizará incluso en el acceso al trabajo por cuenta propia.
c) No se aplica en la afiliación y participación en organizaciones sindicales o empresariales.
d) Se garantizará en los términos que prevean los convenios colectivos.

65

5. La situación en que se encuentra una persona que sea, haya sido o pudiera ser tratada, en atención a su sexo, de manera menos favorable que otra en situación comparable, se considera:

a) Discriminación directa.
b) Acoso sexual.
c) Discriminación indirecta.
d) Violencia de género.

6. En virtud del artículo 6.2 de la LO 3/2007, la situación en que una disposición, criterio o práctica aparentemente neutros pone a personas de un sexo en desventaja particular con respecto a personas del otro:

a) En cualquier caso constituirá discriminación directa.
b) En cualquier caso constituirá discriminación indirecta.
c) No se considera discriminación indirecta si dicha disposición, criterio o práctica pueden justificarse objetivamente en atención a una finalidad legítima y los medios para alcanzar dicha finalidad son necesarios y adecuados.
d) En ningún caso podrá considerarse discriminación.

7. Conforme al artículo 6.3 de la LO 3/2007, toda orden de discriminar por razón de sexo:

a) Solo se considera discriminatoria si se ordena discriminar directamente.
b) En ningún caso se puede considerar discriminatoria.
c) Solo se considera discriminatoria si ordena una discriminación indirecta.
d) En cualquier caso se considera discriminatoria, sea directa o indirecta.

8. Conforme al artículo 7.4 de la LO 3/2007, el condicionamiento de un derecho o de una expectativa de derecho a la aceptación de una situación constitutiva de acoso sexual o de acoso por razón de sexo se considerará:

a) Acto de discriminación por razón de sexo.
b) Creación de un entorno intimidatorio, degradante u ofensivo.
c) Anulable y sin efecto.
d) Indemnizable.

9. En virtud del artículo 9 de la LO 3/2007, cualquier trato adverso o efecto negativo que se produzca en una persona como consecuencia de la presentación por su parte de queja, reclamación, denuncia, demanda o recurso, de cualquier tipo, destinados a impedir su discriminación y a exigir el cumplimiento efectivo del principio de igualdad de trato entre mujeres y hombres, se considerará:

a) Discriminación directa.
b) Discriminación por razón de sexo.

c) Injustificado.
d) Acoso sexual.

10. Para prevenir la realización de conductas discriminatorias en los actos y las cláusulas de los negocios jurídicos, el artículo 10 de la LO 3/2007 prevé la existencia de un sistema de sanciones eficaz y:

a) Proporcionado.
b) Comprensible.
c) Cuantificable.
d) Disuasorio.

11. Según el artículo 10 de la LO 3/2007, los actos y las cláusulas de los negocios jurídicos que constituyan o causen discriminación por razón de sexo se considerarán:

a) Válidos, pero anulables.
b) Nulos y sin efecto.
c) Ilegales.
d) Nulos, pero con efectos.

12. Con el fin de hacer efectivo el derecho constitucional de la igualdad, los Poderes Públicos adoptarán medidas específicas en favor de las mujeres para corregir situaciones patentes de desigualdad de hecho respecto de los hombres. Tales medidas, que serán aplicables en tanto subsistan dichas situaciones, habrán de ser en relación con el objetivo perseguido en cada caso razonables y:

a) Justificadas.
b) Autorizadas judicialmente.
c) Transparentes.
d) Proporcionadas.

13. Conforme al artículo 12 de la LO 3/2007, cualquier persona podrá recabar de los tribunales la tutela del derecho a la igualdad entre mujeres y hombres, de acuerdo con lo establecido en el artículo 53.2 de la Constitución:

a) Siempre que la relación en la que supuestamente se produce la discriminación se encuentre vigente.
b) Incluso tras la terminación de la relación en la que supuestamente se ha producido la discriminación.
c) Siempre que se haya dado por terminada la relación en la que supuestamente se produce la discriminación.
d) A menos que se haya procedido a la suspensión de la relación en la que supuestamente se produce la discriminación.

14. La capacidad y la legitimación para intervenir en los procesos civiles, sociales y contencioso-administrativos que versen sobre la defensa del derecho de igualdad entre mujeres y hombres, corresponden a:

a) La persona acosada, únicamente.
b) Cualquier ciudadano.
c) Las personas físicas y jurídicas con interés legítimo.
d) Cualquier persona jurídica.

15. La persona acosada será la única legitimada en los litigios:

a) Sobre discriminación directa.
b) Sobre acoso sexual y acoso por razón de sexo.
c) Sobre acoso sexual únicamente.
d) Únicamente sobre acoso por razón de sexo.

16. El artículo 14 de la LO 3/2007 indica cuáles serán los criterios generales de actuación de los Poderes Públicos para el cumplimiento de los fines de esta ley. Así, en relación con la efectividad del derecho constitucional de igualdad entre mujeres y hombres, dicho artículo manifiesta la siguiente acción:

a) El reconocimiento.
b) El apoyo.
c) El seguimiento.
d) El compromiso.

17. Un criterio general de actuación de los Poderes Públicos, según el artículo 14 de la LO 3/2007, es el establecimiento de medidas que aseguren la .... del trabajo y de la vida personal y familiar de las mujeres y los hombres, así como el fomento de la .... en las labores domésticas y en la atención a la familia. Qué dos palabras completan acertadamente la frase anterior:

a) Conciliación y corresponsabilidad.
b) Estabilidad y cooperación.
c) Corresponsabilidad y cooperación.
d) Estabilidad y conciliación.

18. Según el artículo 15 de la LO 3/2007, el principio de igualdad de trato y oportunidades entre mujeres y hombres informará la actuación de todos los Poderes Públicos, con carácter:

a) General.
b) Transversal.
c) Integral.
d) Global.

19. Según el artículo 16 de la LO 3/2007, los poderes públicos:

a) Procurarán atender al principio de presencia equilibrada de mujeres y hombres en los nombramientos y designaciones de los cargos de responsabilidad que les correspondan.

b) Podrán atender al principio de presencia equilibrada de mujeres y hombres en los nombramientos y designaciones de los cargos de responsabilidad que les correspondan.

c) Deberán atender al principio de presencia equilibrada de mujeres y hombres en los nombramientos y designaciones de los cargos de responsabilidad que les correspondan.

d) Obligarán atender al principio de presencia equilibrada de mujeres y hombres en los nombramientos y designaciones de los cargos de responsabilidad que les correspondan.

20. Según el artículo 17 de la LO 3/2007, el Gobierno, en las materias que sean de la competencia del Estado, aprobará un Plan Estratégico de Igualdad de Oportunidades:

a) Anualmente.
b) Bianualmente.
c) Cada cuatro años.
d) Periódicamente.

21. El Gobierno dará cuenta del informe sobre el conjunto de sus actuaciones en relación con la efectividad del principio de igualdad entre mujeres y hombres:

a) Al Congreso de los Diputados.
b) A las Cortes Generales.
c) A las asociaciones y organizaciones de mujeres.
d) Al Defensor del Pueblo.

22. Los proyectos de disposiciones de carácter general y los planes de especial relevancia económica, social, cultural y artística que se sometan a la aprobación del Consejo de Ministros deberán incorporar:

a) Un Plan Estratégico de Igualdad de Oportunidades.

b) Una estadística o encuesta que posibilite el conocimiento de las diferencias en los valores, roles, situaciones y condiciones, de mujeres y hombres en el ámbito de acción del proyecto o plan.

c) Un informe periódico sobre el conjunto de sus actuaciones en relación con la efectividad del principio de igualdad entre mujeres y hombres.

d) Un informe sobre su impacto por razón de género.

23. Conforme al artículo 22 de la LO 3/2007, las corporaciones locales, con el fin de avanzar hacia un reparto equitativo de los tiempos entre mujeres y hombres, podrán establecer:

a) Planes Municipales de Empleo con perspectiva de género.
b) Ordenanzas de regulación del tiempo.

c) Ordenanzas o Edictos de representación equilibrada en los tiempos de la ciudad.
d) Planes Municipales de organización del tiempo de la ciudad.

24. Conforme al artículo 26 de la LO 3/2007, los distintos organismos, agencias, entes y demás estructuras de las administraciones públicas que de modo directo o indirecto configuren el sistema de gestión cultural, desarrollarán, entre otras actuaciones, la adopción de iniciativas destinadas a favorecer la promoción específica de las mujeres en la cultura y a combatir su discriminación estructural y/o:

a) Difusa.
b) Generacional.
c) Ambigua.
d) Encubierta.

25. Según el artículo 5 de la Ley 12/2007, los poderes públicos potenciarán que la .... de la igualdad de género esté presente en la elaboración, ejecución y seguimiento de las disposiciones normativas, de las políticas en todos los ámbitos de actuación, considerando sistemáticamente las prioridades y necesidades propias de las mujeres y de los hombres, teniendo en cuenta su incidencia en la situación específica de unas y otros, al objeto de adaptarlas para eliminar los efectos discriminatorios y fomentar la igualdad de género. Señalar la palabra que falta en la anterior frase:

a) Transversalidad.
b) Perspectiva.
c) Política.
d) Aplicación.

26. Según el artículo 7 de la Ley 12/2007, de 26 de noviembre, para la promoción de la igualdad de género en Andalucía, el Consejo de Gobierno de la Junta de Andalucía formulará un Plan Estratégico para la Igualdad de Mujeres y Hombres en Andalucía, con la participación de:

a) Todas las consejerías.
b) El Gobierno de la Nación.
c) El Parlamento de Andalucía.
d) Las Entidades Locales.

27. Según el artículo 11 de la Ley 12/2007, de 26 de noviembre, para la promoción de la igualdad de género en Andalucía, en el nombramiento de titulares de órganos directivos, cada Consejería, organismo público y entidad de derecho público vinculado o dependiente de la Administración Pública andaluza garantizará la representación de mujeres y hombres:

a) Equilibrada.
b) Igualitaria.
c) Similar.
d) Compensada.

28. Según el artículo 13.2 de la Ley 12/2007, de 26 de noviembre, para la promoción de la igualdad de género en Andalucía, la Administración de la Junta de Andalucía no formalizará contratos ni subvencionará, bonificará o prestará ayudas públicas a aquellas personas físicas o jurídicas condenadas por alentar o tolerar prácticas laborales consideradas discriminatorias por la legislación vigente, durante un plazo desde la fecha de la condena por sentencia firme, de:

a) 2 años.
b) 3 años.
c) 4 años.
d) 5 años.

29. Conforme al artículo 15.1 de la Ley 12/2007, los centros docentes recogerán las actuaciones en materia de igualdad, coeducación y prevención de la violencia de género, dentro del Plan de Centro, en un:

a) Protocolo de Igualdad de Género.
b) Informe de Igualdad de Género.
c) Plan de Igualdad de Género.
d) Manual propio de Igualdad de Género.

30. Conforme al artículo 16 del Estatuto de Autonomía de Andalucía, las mujeres tienen derecho a una protección contra la violencia de género:

a) Judicial.
b) Asistencial.
c) Efectiva.
d) Integral.

Solución al test n.º 5

1. b) Igualdad de trato y de oportunidades entre mujeres y hombres.

2. a) A toda persona, física o jurídica, que se encuentre o actúe en territorio español, cualquiera que fuese su nacionalidad, domicilio o residencia.

3. c) Es un principio informador del ordenamiento jurídico.

4. b) Se garantizará incluso en el acceso al trabajo por cuenta propia.

5. a) Discriminación directa.

6. c) No se considera discriminación indirecta si dicha disposición, criterio o práctica pueden justificarse objetivamente en atención a una finalidad legítima y los medios para alcanzar dicha finalidad son necesarios y adecuados.

7. d) En cualquier caso se considera discriminatoria, sea directa o indirecta.

8. a) Acto de discriminación por razón de sexo.

9. b) Discriminación por razón de sexo.

10. d) Disuasorio.

11. b) Nulos y sin efecto.

12. d) Proporcionadas.

13. b) Incluso tras la terminación de la relación en la que supuestamente se ha producido la discriminación.

14. c) Las personas físicas y jurídicas con interés legítimo.

15. b) Sobre acoso sexual y acoso por razón de sexo.

16. d) El compromiso.

17. a) Conciliación y corresponsabilidad.

18. b) Transversal.

19. a) Procurarán atender al principio de presencia equilibrada de mujeres y hombres en los nombramientos y designaciones de los cargos de responsabilidad que les correspondan.

20. d) Periódicamente.

21. b) A las Cortes Generales.

22. d) Un informe sobre su impacto por razón de género.

23. d) Planes Municipales de organización del tiempo de la ciudad.

24. a) Difusa.

25. b) Perspectiva.

26. d) Las Entidades Locales.

27. a) Equilibrada.

28. d) 5 años.

29. c) Plan de Igualdad de Género.

30. d) Integral.

TEST N.º 6

Prevención de Riesgos Laborales. Normativa de aplicación

1. ¿Qué se entiende por "riesgo laboral"?

a) La posibilidad de que un trabajador sufra un determinado daño derivado del trabajo.
b) La posibilidad de que un trabajador sufra una enfermedad en el trabajo.
c) La posibilidad de que un trabajador sufra acoso.
d) El riesgo que supone el ir a trabajar.

2. Indica cuál es la definición de prevención:

a) La probabilidad racional de que un riesgo se materialice de forma inminente.
b) El estudio de los procesos potencialmente peligrosos para el trabajo.
c) Conjunto de actividades o medidas adoptadas o previstas en todas las fases de actividad de la empresa con el fin de evitar o disminuir los riesgos derivados del trabajo.
d) Posibilidad de que un trabajador sufra un determinado daño derivado del trabajo.

3. Según establece el art. 4 de la Ley 31/1995, de 8 de noviembre, de Prevención de Riesgos Laborales, se define como daños derivados del trabajo:

a) La posibilidad de que un trabajador sufra un determinado daño derivado del trabajo.
b) El que resulte probable racionalmente que se materialice en un futuro inmediato y pueda suponer y pueda suponer un daño grave para la salud de los trabajadores.
c) Las enfermedades, patologías o lesiones sufridas con motivo u ocasión del trabajo.
d) Cualquier máquina, aparato, instrumento o instalación utilizada en el trabajo.

4. El objeto y carácter de la norma de la Ley 31/95 de Prevención de Riesgos Laborales dice:

a) La presente Ley tiene por objeto promover la salud de los trabajadores mediante la aplicación de medidas y el desarrollo de las actividades necesarias para la prevención de riesgos derivados del trabajo.
b) La presente Ley tiene por objeto promover la seguridad y la salud de los trabajadores mediante la aplicación de medidas y el desarrollo de las actividades necesarias para la prevención de riesgos derivados del trabajo.

c) La presente Ley tiene por objeto promover la seguridad de los trabajadores mediante la aplicación de medidas y el desarrollo de las actividades necesarias para la prevención de riesgos derivados del trabajo.

d) La presente Ley tiene por objeto promover la seguridad, la salud de los trabajadores y la negociación entre empresa y delegados de prevención, mediante la aplicación de medidas y el desarrollo de las actividades necesarias para la prevención de riesgos derivados del trabajo.

5. Cualquier característica del trabajo que pueda tener una influencia significativa en la generación de riesgos para la seguridad y la salud del trabajador, es:

a) Una condición de trabajo.
b) Un factor de riesgo.
c) Un proceso potencialmente peligroso.
d) Una zona peligrosa.

6. Toda lesión corporal que el trabajador sufra con ocasión del trabajo que ejerza por cuenta ajena:

a) Es un riesgo laboral.
b) Es un accidente.
c) Es una enfermedad profesional.
d) Es una simple circunstancia.

7. Señala la respuesta incorrecta:

a) La Ley de Prevención de Riesgos Laborales se aplica a los operativos de Seguridad civil en casos de catástrofe.
b) La Ley de Prevención de Riesgos Laborales se aplica a las sociedades cooperativas.
c) En el ámbito de la relación laboral de carácter especial del servicio del hogar familiar, las personas trabajadoras tienen derecho a una protección eficaz en materia de seguridad y salud en el trabajo.
d) En los establecimientos penitenciarios, se adaptarán a la Ley de Prevención de Riesgos Laborales aquellas actividades cuyas características justifiquen una regulación especial.

8. Para calificar un riesgo desde el punto de vista de su gravedad, se valorarán conjuntamente la severidad del daño y:

a) La probabilidad de que se produzca.
b) La cantidad de trabajadores de la empresa.
c) La existencia o no de equipos individuales de protección.
d) Las condiciones de trabajo.

9. Según el artículo 5 de la Ley 31/1995, la política en materia de prevención tendrá por objeto la .... de la mejora de las condiciones de trabajo dirigida a elevar el nivel de protección de la seguridad y la salud de los trabajadores en el trabajo. Señala la palabra que falta:

a) Revisión.
b) Normalización.

c) Regulación.
d) Promoción.

10. Con el objetivo de detectar y prevenir posibles situaciones en las que los daños derivados del trabajo puedan aparecer vinculados con el sexo de los trabajadores, las Administraciones Públicas promoverán la efectividad del principio de:

a) Corresponsabilidad.
b) Igualdad entre mujeres y hombres.
c) Discriminación positiva.
d) Protección de la maternidad.

11. Conforme al artículo 8.3 de la Ley 31/1995, el Instituto Nacional de Seguridad y Salud en el Trabajo actuará en relación con las instituciones de la Unión Europea:

a) Como centro de referencia nacional.
b) Como órgano controlador de la normativa europea.
c) Como centro interpretativo.
d) Como órgano regulativo.

12. Según el artículo 11 de la Ley 31/1995, la elaboración de normas preventivas y el control de su cumplimiento, la promoción de la prevención, la investigación y la vigilancia epidemiológica sobre riesgos laborales, accidentes de trabajo y enfermedades profesionales determinan la necesidad de .... las actuaciones de las Administraciones competentes en materia laboral, sanitaria y de industria para una más eficaz protección de la seguridad y la salud de los trabajadores. Señalar la palabra que falta:

a) Registrar.
b) Inspeccionar.
c) Coordinar.
d) Divulgar.

13. En virtud del artículo 12 de la Ley 31/1995, es principio básico de la política de prevención de riesgos laborales, a desarrollar por las Administraciones públicas competentes en los distintos niveles territoriales:

a) La coordinación de empresarios y trabajadores, a través de las organizaciones empresariales y sindicales más representativas, en la planificación, programación, organización y control de la gestión relacionada con la mejora de las condiciones de trabajo y la protección de la seguridad y salud de los trabajadores en el trabajo.
b) La participación de empresarios y trabajadores, a través de las organizaciones empresariales y sindicales más representativas, en la planificación, programación, organización y control de la gestión relacionada con la mejora de las condiciones de trabajo y la protección de la seguridad y salud de los trabajadores en el trabajo.

c) El acuerdo de empresarios y trabajadores, a través de las organizaciones empresariales y sindicales más representativas, en la planificación, programación, organización y control de la gestión relacionada con la mejora de las condiciones de trabajo y la protección de la seguridad y salud de los trabajadores en el trabajo.

d) El arbitraje de empresarios y trabajadores, a través de las organizaciones empresariales y sindicales más representativas, en la planificación, programación, organización y control de la gestión relacionada con la mejora de las condiciones de trabajo y la protección de la seguridad y salud de los trabajadores en el trabajo.

14. La regulación de los requisitos mínimos que deben reunir las condiciones de trabajo para la protección de la seguridad y la salud de los trabajadores, corresponde a:

a) Las Cortes Generales.

b) El Gobierno de la nación, previa consulta a las organizaciones sindicales y empresariales más representativas.

c) El Consejo de Gobierno de cada Comunidad Autónoma; por delegación del Consejo de Ministros.

d) Los Convenios Colectivos.

15. Las normas reglamentarias en materia de prevención las dicta:

a) El Gobierno, a través de las correspondientes normas reglamentarias y previa consulta a las organizaciones sindicales y empresariales más representativas.

b) Los Delegados de Prevención.

c) Los Delegados de Prevención y el Empresario.

d) El Empresario.

16. La Comisión Nacional de Seguridad y Salud en el Trabajo, está compuesta por:

a) Representantes de las organizaciones sindicales y empresariales.

b) Un representante de cada una de las Comunidades Autónomas y representantes de las organizaciones sindicales y empresariales.

c) Representantes de la Administración y representantes de las organizaciones sindicales y empresariales.

d) Un representante de cada una de las Comunidades Autónomas y por igual número de miembros de la Administración General del Estado y, paritariamente con todos los anteriores, por representantes de las organizaciones empresariales y sindicales más representativas.

17. La función de vigilancia y control de la normativa sobre prevención de riesgos laborales corresponde:

a) A la Dirección General de Personal y Desarrollo Profesional.

b) A la Delegación Provincial de Trabajo.

c) A la Inspección de Trabajo y Seguridad Social.

d) Al Servicio de Medicina Preventiva.

18. El órgano científico técnico especializado de la Administración General del Estado que tiene como misión el análisis y estudio de las condiciones de seguridad y salud en el trabajo, así como la promoción y apoyo a la mejora de las mismas, es:

a) El Instituto Nacional de Seguridad y Salud en el Trabajo.
b) La Comisión Nacional de Seguridad y Salud en el Trabajo.
c) El Instituto Carlos III.
d) El Centro Nacional de Promoción y Cuidados de la Salud.

19. ¿Quién debe garantizar a los trabajadores la vigilancia periódica de su estado de salud en función de los riesgos inherentes al trabajo?

a) La Inspección de Trabajo.
b) El propio trabajador.
c) El empresario.
d) Las secciones sindicales.

20. El derecho básico reconocido a los trabajadores por la Ley 31/1995, de 8 de noviembre, es:

a) La vigilancia de su estado de salud.
b) Una protección eficaz en materia de seguridad y salud en el trabajo.
c) La formación en materia preventiva.
d) La información, consulta y participación.

21. Entre los principios de la acción preventiva recogidos por el artículo 15 de la Ley de Prevención de Riesgos Laborales, no figura:

a) Evitar los riesgos.
b) Evaluar los riesgos que se puedan evitar.
c) Tener en cuenta la evolución de la técnica.
d) Dar las debidas instrucciones a los trabajadores.

22. Es un instrumento esencial para la gestión y aplicación del Plan de prevención de riesgos laborales:

a) La jerarquización de la estructura preventiva.
b) La elección de los equipos de trabajo.
c) La evaluación de riesgos.
d) La vigilancia de la salud.

23. La prevención de riesgos laborales deberá integrarse en el sistema general de gestión de la empresa a través de:

a) La política preventiva.
b) El plan de prevención.

c) El consenso de las partes.
d) El poder de decisión del empresario.

24. Podrán realizar el plan de prevención de riesgos laborales, la evaluación de riesgos y la planificación de la actividad preventiva de forma simplificada, en atención a la naturaleza y peligrosidad de las actividades realizadas, empresas cuyo número de trabajadores no exceda de:

a) 30.
b) 50.
c) 80.
d) 100.

25. En relación a la vigilancia de la salud que ha de garantizar el empresario, el acceso a la información médica de carácter personal:

a) Se limitará al empresario y a los Servicios de Prevención propios.
b) Se limitará al Jefe inmediato del trabajador.
c) Sólo será accesible al propio trabajador.
d) Se limitará al personal médico y a las autoridades sanitarias que lleven a cabo la vigilancia.

26. En relación a la vigilancia de la salud, no es cierto que:

a) El derecho a la vigilancia periódica del estado de salud puede prolongarse más allá de la finalización de la relación laboral.
b) Las medidas de vigilancia y control se llevarán a cabo por personal sanitario.
c) Los resultados de la vigilancia de la salud serán comunicados a los representantes de los trabajadores.
d) Se deberá optar por la realización de aquellos reconocimientos o pruebas que causen las menores molestias al trabajador.

27. El empresario garantizará a los trabajadores a su servicio la vigilancia periódica de su estado de salud:

a) Que deberá prolongarse más allá de la finalización de la relación laboral.
b) Solamente si la duración de la relación de trabajo temporal es superior a los tres meses.
c) Solamente si la duración de la relación de trabajo temporal es superior a los seis meses.
d) Excepto a los contratados por empresas de trabajo temporal.

28. Según la Ley de Prevención de Riesgos Laborales, es obligación de los trabajadores en materia de prevención de riesgos:

a) La protección eficaz en materia de seguridad y salud en el trabajo.
b) Utilizar correctamente los medios y equipos de protección facilitados por el empresario, de acuerdo con las instrucciones recibidas de éste.

c) Soportar el coste de las medidas relativas a la seguridad y la salud en el trabajo.

d) Desarrollar una acción permanente de seguimiento de la actividad preventiva.

29. En los casos de concurrencia de trabajadores de varias empresas en un centro de trabajo cuando existe un empresario principal, uno de los deberes de vigilancia por parte de éste, consistirá en:

a) Impulsar la regulación de esquemas organizativos, que eviten los accidentes de trabajo.

b) Comprobar que las empresas contratistas y subcontratistas concurrentes en su centro de trabajo han establecido los necesarios medios de coordinación entre ellas.

c) Asegurar la correcta utilización por parte de los trabajadores de las empresas concurrentes de los correspondientes dispositivos de seguridad disponibles.

d) Asegurarse de que los trabajadores concurrentes disponen de la formación preventiva correspondiente.

30. Cuando los trabajadores estén expuestos a un riesgo grave e inminente con ocasión de su trabajo, y el empresario no adopte o no permita la adopción de las medidas necesarias para garantizar la seguridad y la salud de los trabajadores, la Ley 31/1995, de 8 de noviembre, de Prevención de Riesgos Laborales prevé que:

a) Los trabajadores afectados podrán paralizar la actividad.

b) El órgano de representación del personal instará formalmente al empresario a la adopción de las medidas necesarias.

c) Los Delegados de Prevención lo comunicarán a la autoridad laboral, que adoptará las medidas necesarias.

d) El órgano de representación de personal podrá acordar la paralización de la actividad.

31. El art. 21 de la LPRL establece los requisitos y el procedimiento para que los representantes legales de los trabajadores acuerden la paralización de la actividad de los trabajadores que están o puedan estar expuestos a un riesgo grave e inminente si el empresario no adopta las medidas necesarias para garantizar la seguridad y salud de los trabajadores. La medida será adoptada por:

a) Acuerdo por mayoría absoluta de sus miembros. Tal acuerdo será comunicado de inmediato a la empresa y a la autoridad laboral, la cual, en el plazo de 48 horas, anulará o ratificará la paralización acordada.

b) Acuerdo por mayoría de 2/3 de sus miembros. Tal acuerdo será comunicado de inmediato a la empresa y a la autoridad laboral, la cual, en el plazo de 24 horas, anulará o ratificará la paralización acordada.

c) Acuerdo por mayoría de sus miembros. Tal acuerdo será comunicado de inmediato a la empresa y a la autoridad laboral, la cual, en el plazo de 48 horas, anulará o ratificará la paralización acordada.

d) Acuerdo por mayoría de sus miembros. Tal acuerdo será comunicado de inmediato a la empresa y a la autoridad laboral, la cual, en el plazo de 24 horas, anulará o ratificará la paralización acordada.

32. El posible cambio de puesto de trabajo con riesgo para una trabajadora embarazada:

a) Deberá realizarse en caso de imposibilidad de adaptación del propio puesto.

b) Se hará previo informe en tal sentido del Servicio de Prevención.

c) Se determinará por el empresario, y dará información a los representantes de los trabajadores.

d) Se extenderá al período de lactancia.

33. ¿Cuándo se deben utilizar los equipos de protección individual?

a) Siempre.

b) Cuando los riesgos no hayan sido evaluados.

c) Cuando los riesgos no se puedan evitar o no puedan limitarse.

d) Cuando el trabajador lo estime oportuno.

34. Según el artículo 19 de la Ley de Prevención de Riesgos Laborales, la formación teórica y práctica en materia preventiva deberá:

a) Impartirse en horario dentro de la jornada de trabajo.

b) Impartirse por igual en jornada de trabajo y fuera del horario de trabajo.

c) Impartirse, siempre que sea posible, dentro de la jornada de trabajo o, en su defecto, en otras horas, pero con el descuento en aquella del tiempo invertido en la misma.

d) La formación teórica siempre debe ser en horario dentro de la jornada de trabajo y la formación práctica puede impartirse tanto dentro como fuera de la jornada de trabajo.

35. Las trabajadoras embarazadas ¿tienen derecho a ausentarse del trabajo para la realización de exámenes prenatales y técnicas de preparación al parto?

a) Sí, con derecho a remuneración, previo aviso al empresario y justificación de la necesidad de su realización dentro de la jornada de trabajo.

b) Sí, con derecho a remuneración, sin necesidad de avisar al empresario ni justificar la necesidad de su realización dentro de la jornada de trabajo.

c) Sí, sin derecho a remuneración, previo aviso al empresario y justificación de la necesidad de su realización dentro de la jornada de trabajo.

d) No, en ningún caso.

36. El empresario deberá constituir un servicio de prevención propio siempre que se trate de empresas que cuenten con:

a) Más de 500 trabajadores.

b) Menos de 250 trabajadores.

c) Más de 250 trabajadores.

d) Más de 250 y menos de 500 trabajadores.

37. Con relación a la protección y prevención de riesgos profesionales, el art. 30 de la LPRL, establece que:

a) En cumplimiento del deber de prevención de riesgos profesionales, el empresario, podrá designar, exclusivamente, uno o dos trabajadores para ocuparse de dicha actividad.

b) En las empresas de más de seis trabajadores, el empresario asumirá personalmente las funciones relativas a la protección y prevención de riesgos profesionales.

c) En ningún caso el empresario podrá asumir estas funciones, que serán desempeñadas exclusivamente por los trabajadores.

d) En las empresas de hasta diez trabajadores, con varios centros de trabajo, el empresario podrá asumir personalmente las funciones relativas al deber de prevención de riesgos profesionales.

38. Según el art. 32 de la LPRL, en relación con las mutuas de accidente de trabajo y enfermedades profesionales, es cierto que:

a) En ningún caso podrán desarrollar para empresas las funciones correspondientes a los servicios de prevención.

b) Podrán desarrollar, para las empresas a ellas asociadas, las funciones correspondientes a los servicios de prevención, sin ningún tipo de restricción.

c) Podrán desarrollar, para las empresas a ellas asociadas, las funciones correspondientes a los servicios de prevención, siempre que hayan sido objeto de acreditación por la Administración Laboral y previa aprobación de la Administración

Sanitaria en cuanto a los aspectos de carácter sanitario.

d) Podrán desarrollar, libremente, las funciones correspondientes a los servicios de prevención de las empresas que así se los soliciten.

39. En las empresas de hasta 30 trabajadores el Delegado de Prevención será:

a) El propio empresario.

b) El trabajador más antiguo.

c) El trabajador de mayor cualificación.

d) El delegado de personal.

40. Según la Ley de Prevención de Riesgos Laborales, se constituirá un Comité de Seguridad y Salud en todas las empresas o centros de trabajo que cuenten con:

a) 30 o más trabajadores.

b) 50 o más trabajadores.

c) 75 o más trabajadores.

d) 100 o más trabajadores.

Solución al test n.º 6

1. a) La posibilidad de que un trabajador sufra un determinado daño derivado del trabajo.

2. c) Conjunto de actividades o medidas adoptadas o previstas en todas las fases de actividad de la empresa con el fin de evitar o disminuir los riesgos derivados del trabajo.

3. c) Las enfermedades, patologías o lesiones sufridas con motivo u ocasión del trabajo.

4. b) La presente Ley tiene por objeto promover la seguridad y la salud de los trabajadores mediante la aplicación de medidas y el desarrollo de las actividades necesarias para la prevención de riesgos derivados del trabajo.

5. a) Una condición de trabajo.

6. b) Es un accidente.

7. a) La Ley de Prevención de Riesgos Laborales se aplica a los operativos de Seguridad civil en casos de catástrofe.

8. a) La probabilidad de que se produzca.

9. d) Promoción.

10. b) Igualdad entre mujeres y hombres.

11. a) Como centro de referencia nacional.

12. c) Coordinar.

13. b) La participación de empresarios y trabajadores, a través de las organizaciones empresariales y sindicales más representativas, en la planificación, programación, organización y control de la gestión relacionada con la mejora de las condiciones de trabajo y la protección de la seguridad y salud de los trabajadores en el trabajo.

14. b) El Gobierno de la nación, previa consulta a las organizaciones sindicales y empresariales más representativas.

15. a) El Gobierno, a través de las correspondientes normas reglamentarias y previa consulta a las organizaciones sindicales y empresariales más representativas.

16. d) Un representante de cada una de las Comunidades Autónomas y por igual número de miembros de la Administración General del Estado y, paritariamente con todos los anteriores, por representantes de las organizaciones empresariales y sindicales más representativas.

17. c) A la Inspección de Trabajo y Seguridad Social.

18. a) El Instituto Nacional de Seguridad y Salud en el Trabajo.

19. c) El empresario.

20. b) Una protección eficaz en materia de seguridad y salud en el trabajo.

21. b) Evaluar los riesgos que se puedan evitar.

22. c) La evaluación de riesgos.

23. b) El plan de prevención.

24. b) 50.

25. d) Se limitará al personal médico y a las autoridades sanitarias que lleven a cabo la vigilancia.

26. c) Los resultados de la vigilancia de la salud serán comunicados a los representantes de los trabajadores.

27. a) Que deberá prolongarse más allá de la finalización de la relación laboral.

28. b) Utilizar correctamente los medios y equipos de protección facilitados por el empresario, de acuerdo con las instrucciones recibidas de éste.

29. b) Comprobar que las empresas contratistas y subcontratistas concurrentes en su centro de trabajo han establecido los necesarios medios de coordinación entre ellas.

30. d) El órgano de representación de personal podrá acordar la paralización de la actividad.

31. d) Acuerdo por mayoría de sus miembros. Tal acuerdo será comunicado de inmediato a la empresa y a la autoridad laboral, la cual, en el plazo de 24 horas, anulará o ratificará la paralización acordada.

32. a) Deberá realizarse en caso de imposibilidad de adaptación del propio puesto.

33. c) Cuando los riesgos no se puedan evitar o no puedan limitarse.

34. c) Impartirse, siempre que sea posible, dentro de la jornada de trabajo o, en su defecto, en otras horas, pero con el descuento en aquella del tiempo invertido en la misma.

35. a) Sí, con derecho a remuneración, previo aviso al empresario y justificación de la necesidad de su realización dentro de la jornada de trabajo.

36. a) Más de 500 trabajadores.

37. d) En las empresas de hasta diez trabajadores, con varios centros de trabajo, el empresario podrá asumir personalmente las funciones relativas al deber de prevención de riesgos profesionales.

38. a) En ningún caso podrán desarrollar para empresas las funciones correspondientes a los servicios de prevención.

39. d) El delegado de personal.

40. b) 50 o más trabajadores.

TEST N.º 7

Control de accesos. Recepción del público. Vigilancia y custodia de edificios e instalaciones. Nociones sobre seguridad en edificios

1. La medida preventiva de seguridad que consiste en la supervisión y regulación del tránsito de personas, vehículos y objetos a través de una o varias zonas de un edificio público, se llama:

a) Apertura de instalaciones.
b) Control de accesos.
c) Acreditación de visitantes.
d) Identificación automática.

2. El principal objetivo del control de accesos es:

a) Obtener información de cuántas personas acceden al edificio diariamente.
b) La información al ciudadano sobre el lugar al que se ha de dirigir.
c) Minimizar o descartar riesgos de seguridad derivados de entradas y salidas no autorizadas.
d) Favorecer el uso de la administración electrónica.

3. La norma UNE-EN 60839:2014 cataloga los sistemas de control de accesos de grado 3 como:

a) Alto riesgo.
b) Bajo riesgo.
c) Riesgo entre bajo y medio.
d) Riesgo entre medio y alto.

4. Cuando se exige algún tipo de credencial para acceder al interior de un edificio, la forma de control de accesos será:

a) Regulación del tránsito.
b) Recepción de personas visitantes y usuarios.
c) Registro de movimientos.
d) Apertura de puertas.

5. ¿Cuál de los siguientes es un sistema de credencial material?

a) La huella digital.
b) La cerradura de combinación.
c) El iris de los ojos.
d) La tarjeta de control.

6. ¿Cuál de los siguientes es un sistema credencial de conocimientos?

a) La voz.
b) Los emisores de radiofrecuencia.
c) La cerradura de combinación.
d) La llave magnética.

7. De entre los siguientes sistemas de credenciales, señala cuál es de conocimiento:

a) Emisor de infrarrojos.
b) Tarjeta holográfica.
c) Teclado digital.
d) Geometría de la mano.

8. ¿Cuál de los siguientes es un sistema de credencial personal?

a) Rasgos faciales.
b) Escritura.
c) Emisor de ultrasonido.
d) Llave mecánica.

9. De los siguientes términos, ¿cuál define a los elementos tipo portillos motorizados o pasillos automatizados que se colocan en los puntos de acceso que se utilizan como entrada a los edificios para canalizar la entrada por los lugares indicados y restringir el paso para que solo sea utilizado por personas autorizadas?

a) Alarmas.
b) Tornos.
c) Conserjería.
d) Garitas.

10. De las siguientes opciones, señala la incorrecta en relación al control de accesos de objetos:

a) Los encargados del control de entrada y salida podrán comprobar, cuando así se les encomiende, el contenido de los bultos o paquetes sospechosos que el personal o los usuarios del servicio entren o saquen de los locales.
b) Deben declararse a la entrada los objetos que a la salida pudieran dar lugar a dudas sobre la licitud de su tenencia.

c) No se permitirá la salida de ningún objeto o material de servicio que no haya sido declarado a la entrada, aunque tenga autorización.

d) Cuando por obras, u otra causa, alguna dependencia precise dar salida a un considerable volumen de objetos o material, deberá participarlo al personal de control de entrada y salida para su debido control.

11. El arco detector de metales no es válido para detectar:

a) Herramientas.
b) Drogas.
c) Artefactos explosivos.
d) Armas.

12. El sistema de control de acceso de vehículos puede utilizarse en zonas de aparcamiento exclusivas del organismo y, generalmente, con capacidad para al menos:

a) 10 vehículos.
b) 30 vehículos.
c) 50 vehículos.
d) 100 vehículos.

13. No forma parte de la función de apertura de edificios:

a) Gestionar el servicio de guardarropas.
b) Inspeccionar visualmente los elementos estructurales de acceso exteriores.
c) Desconectar el sistema de alarma.
d) Encender las luces principales del edificio.

14. No es cierto que la ronda de seguridad:

a) Incluya verificar el estado general de las instalaciones en materia de seguridad.
b) Se puede realizar en cualquier momento de la jornada.
c) Se realice recorriendo planta a planta, inspeccionando y asegurando cada una de ellas.
d) Incluya comprobar el correcto funcionamiento de los equipos y sistemas de detección y alarma.

15. Las áreas sensibles de un edificio de un organismo público son aquellas zonas, salas o despachos que, por circunstancias concretas, requieran de una atención de seguridad específica. Se consideran como tales:

a) Las plantas más altas del edificio.
b) Las áreas administrativas.
c) Los salones de actos.
d) Las salas de cuartos de máquinas e instalaciones.

16. Señala, de las siguientes, cuál es la opción incorrecta en relación con la inspección de los despachos de dirección y altos cargos:

a) La inspección se realizará todos los días a partir de la finalización del horario laboral normalizado, cuando la dirección o alto cargo y su secretaria o secretario hayan abandonado el edificio.

b) Se comprobará que el despacho esté cerrado; en el caso de que esté abierto, se comprobará la presencia e identidad de quien permanezca en su interior.

c) Si hubiera alguien en el interior, a la salida se cerrarán las puertas y se registrará el hecho como incidencia en el libro oficial de incidencias o aplicación informática correspondiente.

d) Aunque las puertas de los despachos estén cerradas o no se detecten irregularidades desde el exterior, durante la inspección de la ronda de seguridad se deberá entrar para cerciorarse de que todo está correcto en el interior.

17. La puesta en marcha de instalaciones por parte del personal subalterno comprende la puesta a punto y en servicio de... (Señala la opción incorrecta):

a) La calefacción o refrigeración de la sala.

b) Los ordenadores de los distintos puestos administrativos.

c) Los sistemas de ventilación exterior y/o interior.

d) La iluminación artificial y/o natural.

18. Son elementos de las instalaciones de climatización:

a) Los equipos de alumbrado de emergencia.

b) Los sistemas de prevención de sobretensiones y protección con pararrayos.

c) Las motobombas.

d) Los sistemas de abastecimiento de agua contra incendios.

19. Señala la opción correcta relacionada con la función de custodia y control de llaves:

a) La custodia y control de llaves de cualquier edificio de un organismo público es responsabilidad del personal subalterno.

b) Las llaves son para uso exclusivo del personal subalterno, no pudiendo cederse temporalmente bajo ningún concepto a otras personas del centro o ajenas al mismo.

c) Cualquier persona del centro podrá solicitar el uso y disfrute de copias de las llaves de las dependencias en las que trabaje.

d) El subalterno encargado de la custodia y control de llaves del edificio registrará en el libro oficial de registro o aplicación informática los movimientos de llaves, entrega y recogida solicitadas por personal laboral y contratas externas autorizadas por la administración del edificio.

20. Ante la declaración de un conato de incendio, ¿cómo debe proceder el Subalterno?

a) Comunicarlo directamente al Jefe superior.

b) Intentará apagarlo y si no es posible, comunicarlo directamente al Jefe Superior.

c) Intentará apagarlo y si no es posible, comunicarlo directamente a los Bomberos.
d) Ninguna de las anteriores respuestas es correcta.

21. Al sistema de acciones y medidas encaminadas a prevenir y controlar los riesgos sobre las personas y los bienes, a dar respuesta adecuada a las posibles situaciones de emergencia y a garantizar la integración de estas actuaciones con el sistema público de protección civil, se le denomina:

a) Prevención.
b) Autoprotección.
c) Previsión.
d) Reacción.

22. El documento perteneciente al plan de autoprotección en el que se compila el conjunto de medidas de prevención-protección previstas y/o implantadas, así como la secuencia de actuaciones a realizar ante la aparición de un siniestro, es:

a) La evaluación de riesgos.
b) El Plan de prevención.
c) El Plan de emergencias.
d) El libro de Auxilio.

23. La Norma Básica de Autoprotección es de aplicación a cualquier establecimiento de uso docente que disponga de una altura de evacuación igual o superior a partir de:

a) 15 metros.
b) 22 metros.
c) 28 metros.
d) 36 metros.

24. La Norma Básica de Autoprotección es de aplicación a cualquier establecimiento de uso residencial público que disponga de una ocupación igual o superior a partir de:

a) 500 personas.
b) 1000 personas.
c) 1500 personas.
d) 2000 personas.

25. ¿Quién es el responsable de activar el Plan de Actuación en Emergencias?

a) El titular de la actividad, si es una persona física, o la persona que le represente si es una persona jurídica.
b) La autoridad competente de Protección Civil.

c) El Delegado de Prevención.

d) El Director del propio Plan de Actuación en Emergencias.

26. A efectos de la Norma Básica de Autoprotección, la probabilidad de que se produzca un efecto dañino específico en un periodo de tiempo determinado o en circunstancias determinadas, se denomina:

a) Riesgo.

b) Peligro.

c) Alerta.

d) Precaución.

27. A efectos de la Norma Básica de Autoprotección, al máximo número de personas que puede contener un edificio, espacio, establecimiento, recinto, instalación o dependencia, en función de la actividad o uso que en él se desarrolle, se le llama:

a) Aforo.

b) Volumen.

c) Ocupación.

d) Saturación.

28. Avisar de la forma más rápida a los equipos de emergencia del propio establecimiento e informar al resto de los equipos y solicitar en su caso ayudas de intervención externa, cuando se produce una emergencia, es:

a) Alarmar.

b) Alertar.

c) Apremiar.

d) Detectar.

29. El aviso o señal por la que se informa a las personas para que sigan instrucciones específicas ante una situación de emergencia, es:

a) Alerta.

b) Detección.

c) Alarma.

d) Auxilio.

30. Ante una situación de emergencia, el trabajador debe:

a) Seguir trabajando mientras pueda.

b) Dirigirse, ya en el exterior, a un punto de reunión.

c) Quedarse en los lavabos o lugares cerrados.

d) Confiar, sobre todo, en su instinto.

31. Aquella situación en la que los parámetros definidores del riesgo, evidencian que la materialización del mismo, puede ser inminente, se denomina:

a) Preemergencia.
b) Conato.
c) Emergencia parcial.
d) Emergencia primaria.

32. Aquella situación que puede ser controlada y solucionada de forma sencilla y rápida por el personal y medios de protección del local, dependencias o sector, se llama:

a) Preemergencia.
b) Conato de emergencia.
c) Emergencia parcial.
d) Emergencia primaria.

33. Aquella situación que, para ser dominada, requiere la actuación de equipos especiales del sector, se denomina:

a) Emergencia sectorial.
b) Emergencia básica.
c) Preemergencia.
d) Emergencia parcial.

34. ¿A quién corresponde establecer la situación de emergencia en función del nivel de gravedad?

a) Al Jefe de Intervención.
b) Al Director del Plan de Actuación.
c) Al responsable de los Servicios Públicos de Extinción de Incendios y Salvamento.
d) Al Director del Plan de Autoprotección.

35. En un plan de autoprotección, ¿a qué se denominan "Equipos de Primera Intervención" (EPI)?

a) Son los que en una situación de emergencia organizan en primer lugar la evacuación del edificio a la espera de las instrucciones del Jefe de Emergencia.
b) Son los que en una situación de emergencia acuden al lugar donde se haya producido la emergencia para intentar su control y poner en funcionamiento el sistema de alarma.
c) También llamados Equipos de Protección Individual, incluyen cualquier equipo destinado a ser llevado o sujetado por el trabajador para que le proteja de los riesgos para su seguridad y salud laboral.
d) Son las brigadas contra incendios que actúan cuando la emergencia se considera grave.

36. Asume la dirección y coordinación de los equipos de emergencia en el lugar del accidente:

a) El Jefe de Intervención.
b) El Director del Plan de Actuación.
c) El responsable de los Servicios Públicos de Extinción de Incendios y Salvamento.
d) El Director del Plan de Autoprotección.

37. Su misión es asegurar una evacuación total y ordenar su sector y/o establecimiento y garantizar que se ha dado la alarma. Nos referimos a:

a) El Equipo de Primeros Auxilios (EPA).
b) El Equipo de Segunda Intervención (ESI).
c) El Equipo de Primera Intervención (EPI).
d) El Equipo de Alarma y Evacuación (EAE).

38. Las salidas del establecimiento, planta o inmueble tendrán una señal con el rótulo "SALIDA", excepto en edificios de uso Residencial Vivienda y, en otros usos, cuando se trate de salidas de recintos que sean fácilmente visibles y cuya superficie no exceda de:

a) 50 m^2.
b) 100 m^2.
c) 200 m^2.
d) 400 m^2.

39. Deben disponerse señales indicativas de dirección de los recorridos, visibles desde todo origen de evacuación desde el que no se perciban directamente las salidas o sus señales indicativas y en particular, frente a toda salida de un recinto, que acceda lateralmente a un pasillo, y que tenga una ocupación mayor de:

a) 50 personas.
b) 100 personas.
c) 140 personas.
d) 200 personas.

40. Las señales de salida de uso habitual o de emergencia, cuando la distancia de observación esté comprendida entre 20 y 30 metros, tendrán un tamaño de:

a) 210 x 210 mm.
b) 420 x 420 mm.
c) 594 x 594 mm.
d) 360 x 360 mm.

41. El lugar físico desde donde el Director del Plan de Actuación en Emergencias dirige la resolución de la misma, es:

a) El Centro de Control.
b) El Lugar de reunión.

c) El Centro directivo.
d) La Zona de Refugio.

42. El emplazamiento de los extintores permitirá que sean fácilmente visibles y accesibles, estarán situados próximos a los puntos donde se estime mayor probabilidad de iniciarse el incendio, a ser posible próximos a las salidas de evacuación y preferentemente sobre soportes fijados a paramentos verticales, de modo que la parte superior del extintor quede, como máximo, a:

a) 1,20 metros sobre el suelo.
b) 1,70 metros sobre el suelo.
c) 1 metro sobre el suelo.
d) Ninguna de las respuestas es correcta.

43. Las bocas de incendio equipadas (BIE) se situarán, siempre que sea posible, a una distancia máxima de la salida de cada sector, de:

a) 5 metros.
b) 10 metros.
c) 15 metros.
d) 20 metros.

44. La separación máxima entre cada boca de incendio equipada (BIE) y su más cercana será de:

a) 10 metros.
b) 25 metros.
c) 50 metros.
d) 75 metros.

45. Según el Real Decreto 513/2017, de 22 de mayo, por el que se aprueba el Reglamento de instalaciones de protección contra incendios y la norma UNE-EN2, para un fuego de clase C, utilizaremos un agente extintor:

a) Específico para fuegos de metales.
b) Específico para fuegos de materiales sólidos, generalmente de naturaleza orgánica, cuya combinación se realiza normalmente por la formación de brasas.
c) Específico para fuegos de gases.
d) Específico para fuegos de líquidos o de sólidos licuables.

46. La caducidad de las mantas ignífugas no podrá exceder de:

a) 5 años.
b) 10 años.
c) 15 años.
d) 20 años.

47. Conforme al _Real Decreto 485/1997, de 14 de abril, sobre Disposiciones míni-mas en materia de señalización de seguridad y salud en el trabajo,_ las señales relativas a los equipos de lucha contra incendios tienen forma rectangular o cuadrada y un pictograma blanco sobre fondo:

a) Verde.
b) Azul.
c) Rojo.
d) Naranja.

48. Los detectores de rotura de cristal son recomendables en:

a) Superficies acristaladas discontinuas.
b) Salidas de emergencia.
c) Cámaras acorazadas.
d) Salas de máquinas.

49. Según el _Decreto 94/2014, de 27 de mayo, por el que se aprueba la Norma técnica para la protección de edificios públicos de uso administrativo ante el riesgo de intrusión,_ los lectores de tarjetas son dispositivos encargados de controlar el acceso a las zonas de uso restringido que se determine, en los edificios catalogados como:

a) RB-1 y RM-2
b) RE-5 y RA-4.
c) RE-5.
d) RM-2 y RA-3

50. El control de vehículos permite controlar de forma remota la entrada de los vehículos a la zona de aparcamiento. Se implantará para los edificios catalogados como RE-5, RA-4 y RA-3 siempre que esta zona sea utilizada exclusivamente por el órgano y tenga una capacidad para, al menos:

a) 10 vehículos.
b) 30 vehículos.
c) 50 vehículos.
d) 100 vehículos.

Solución al test n.º 7

1. b) Control de accesos.

2. c) Minimizar o descartar riesgos de seguridad derivados de entradas y salidas no autorizadas.

3. d) Riesgo entre medio y alto.

4. a) Regulación del tránsito.

5. d) La tarjeta de control.

6. c) La cerradura de combinación.

7. c) Teclado digital.

8. a) Rasgos faciales.

9. b) Tornos.

10. c) No se permitirá la salida de ningún objeto o material de servicio que no haya sido declarado a la entrada, aunque tenga autorización.

11. b) Drogas.

12. a) 10 vehiculos.

13. a) Gestionar el servicio de guardarropas.

14. b) Se puede realizar en cualquier momento de la jornada.

15. d) Las salas de cuartos de máquinas e instalaciones.

16. d) Aunque las puertas de los despachos estén cerradas o no se detecten irregularidades desde el exterior, durante la inspección de la ronda de seguridad se deberá entrar para cerciorarse de que todo está correcto en el interior.

17. b) Los ordenadores de los distintos puestos administrativos.

18. c) Las motobombas.

19. d) El subalterno encargado de la custodia y control de llaves del edificio registrará en el libro oficial de registro o aplicación informática los movimientos de llaves, entrega y recogida solicitadas por personal laboral y contratas externas autorizadas por la administración del edificio.

20. b) Intentará apagarlo y si no es posible, comunicarlo directamente al Jefe Superior.

21. b) Autoprotección.

22. c) El Plan de emergencias.

23. c) 28 metros.

24. d) 2000 personas.

25. d) El Director del propio Plan de Actuación en Emergencias.

26. b) Peligro.

27. c) Ocupación.

28. b) Alertar.

29. c) Alarma.

30. b) Dirigirse, ya en el exterior, a un punto de reunión.

31. a) Preemergencia.

32. b) Conato de emergencia.

33. d) Emergencia parcial.

34. b) Al Director del Plan de Actuación.

35. b) Son los que en una situación de emergencia acuden al lugar donde se haya producido la emergencia para intentar su control y poner en funcionamiento el sistema de alarma.

36. a) El Jefe de Intervención.

37. d) El Equipo de Alarma y Evacuación (EAE).

38. a) 50 m2.

39. b) 100 personas.

40. c) 594 x 594 mm.

41. a) El Centro de Control.

42. a) 1,20 metros sobre el suelo.

43. a) 5 metros.

44. c) 50 metros.

45. c) Específico para fuegos de gases.

46. d) 20 años.

47. c) Rojo.

48. a) Superficies acristaladas discontinuas.

49. b) RE-5 y RA-4.

50. a) 10 vehículos.

TEST N.º 8

Atención al público. Los servicios de información administrativa. Información general y particular al ciudadano

1. ¿Cuál de los siguientes se conoce también como lenguaje kinésico?

a) Lenguaje oral.
b) Lenguaje telefónico.
c) Lenguaje corporal.
d) Lenguaje escrito.

2. La comunicación que busca un balance ideal entre las posturas agresivas y pasivas de comunicación, para mantener un proceso franco, equitativo y respetuoso de intercambio de información, es fruto del llamado comportamiento:

a) Asertivo.
b) Administrativo.
c) Primario.
d) Profesional.

3. Se denomina así a todo elemento perturbador, ajeno al emisor y al receptor, capaz de entorpecer el proceso de comunicación e incluso anularlo:

a) Código.
b) Ruido.
c) *Feedback*.
d) Retroalimentación.

4. Según el RD 951/2005, recibida la queja o sugerencia, la unidad responsable de su gestión informará al interesado de las actuaciones realizadas en el plazo de:

a) 10 días hábiles.
b) 15 días hábiles.
c) 20 días hábiles.
d) Un mes.

101

5. ¿En cuál de las siguientes funciones del lenguaje, según el lingüista Jakobson, la intención comunicativa es influir sobre la conducta del receptor para que, por ejemplo, cambie de actitud o se interese por algo?

a) Representativa.
b) Apelativa o conativa.
c) Expresiva o emotiva.
d) Fática o de contacto.

6. Cuando nos referimos a una comunicación dentro de un grupo, estamos hablando de una comunicación:

a) Interpersonal.
b) Intrapersonal.
c) Intergrupal.
d) Intracomunitaria.

7. En la comunicación entre dos personas pueden existir fallos. Las siguientes son algunas de las causas psicológicas que justifican esos fallos EXCEPTO una; señala cuál:

a) No sabemos escuchar.
b) Utilizamos un lenguaje excesivamente técnico.
c) Nuestro estado emocional condiciona lo que queremos decir.
d) Mantenemos una actitud defensiva.

8. Indica la respuesta incorrecta. En cuanto a la escucha activa, es una técnica que:

a) Utiliza el lenguaje verbal.
b) Permite tranquilizar y relajar el ánimo del cliente.
c) Refleja la actitud de estar al servicio del cliente.
d) Transmite interés por el problema.

9. El artículo 105 de la Constitución española estableció que la ley regularía el acceso de los ciudadanos a los archivos y registros administrativos, salvo en lo que afecte a los siguientes aspectos. Señala la respuesta incorrecta:

a) La seguridad y defensa del Estado.
b) La averiguación de los delitos.
c) La igualdad de las partes en los procesos judiciales y la tutela judicial efectiva.
d) La intimidad de las personas.

10. Según el artículo 13.a) de la LPACAP, quienes tienen capacidad de obrar ante las Administraciones Públicas son titulares del derecho a comunicarse con estas a través de:

a) Un funcionario habilitado para representarles.
b) Una entidad sin personalidad jurídica.
c) Un Punto de Acceso específico electrónico de la Administración.
d) Un Punto de Acceso General electrónico de la Administración.

11. ¿Cuál es la norma que regula los servicios de información administrativa y atención al ciudadano?

a) Decreto 3143/1971, de 16 de diciembre.
b) Decreto 136/1971, de 12 de junio.
c) Decreto 35/1971, de 18 de enero.
d) Real Decreto 208/1996, de 9 de febrero.

12. ¿Qué elemento de la comunicación es el papel en el lenguaje escrito?

a) Código.
b) Contexto.
c) Canal.
d) Receptor.

13. En la atención telefónica, en el caso de la recepción de una llamada, ¿cuál es la recomendación ante una objeción realizada por un ciudadano?

a) Contestar a la mayor brevedad posible.
b) Intentar sonreír.
c) Proporcionar información.
d) Encadenar después de la última palabra la respuesta con la argumentación.

14. Es cierto que, en la atención presencial al ciudadano:

a) La resolución del problema ha de ser inmediata.
b) La comunicación no verbal es intrascendente.
c) Cobran un papel fundamental los gestos y las posturas del empleado público.
d) Las respuestas han de estar normalizadas.

15. Las oficinas integradas de atención al ciudadano de nivel intermedio son las que ofrecen servicios:

a) De recepción, registro y remisión de comunicaciones del ciudadano.
b) Telefónicos y telemáticos.
c) De atención y orientación personalizada.
d) Integrados de gestión multi-administración.

16. La información particular es:

a) La referida a los requisitos jurídicos o técnicos que las disposiciones impongan a los proyectos, actuaciones o solicitudes que los ciudadanos se propongan realizar.
b) La concerniente al estado o contenido de los procedimientos en tramitación, y a la identificación de las autoridades y personal al servicio de las Administración General del Estado y de las entidades de derecho público vinculadas o dependientes de la misma bajo cuya responsabilidad se tramiten aquellos procedimientos.

c) La referente a la tramitación de procedimientos, a los servicios públicos y prestaciones, así como a cualesquiera otros datos que los ciudadanos tengan necesidad de conocer en sus relaciones con las Administraciones Públicas, en su conjunto, o con alguno de sus ámbitos de actuación.

d) La relativa a la identificación, fines, competencia, estructura, funcionamiento y localización de organismos y unidades administrativas.

17. En relación con la información particular, es cierto que:

a) Se facilitará obligatoriamente a los ciudadanos, sin exigir para ello la acreditación de legitimación alguna.

b) Solo podrá ser facilitada a las personas que tengan la condición de interesados en cada procedimiento o a sus representantes legales.

c) No podrá referirse a los datos de carácter personal que afecten de alguna forma a la intimidad o privacidad de las personas físicas.

d) Cuando resulte conveniente una mayor difusión, deberá ofrecerse a los grupos sociales o instituciones que estén interesados en su conocimiento.

18. ¿Qué funciones de la atención personalizada a los ciudadanos tienen por objeto facilitar a estos la orientación y ayuda que precisen en el momento inicial de su visita, y, en particular, la relativa a la localización de dependencias y funcionarios?

a) Funciones de recepción de las iniciativas o sugerencias formuladas por los ciudadanos.

b) Funciones de orientación e información.

c) Funciones de recepción y acogida a los ciudadanos.

d) Funciones de asistencia a los ciudadanos en el ejercicio del derecho de petición.

19. En la atención personalizada al ciudadano, las funciones de gestión, en relación con los procedimientos administrativos, ¿comprenderá la recepción de la documentación inicial de un expediente?

a) No, en ningún caso.

b) Sí, en todo caso.

c) Sí, siempre que se trate de procedimientos urgentes.

d) Sí, cuando así se haya dispuesto reglamentariamente.

20. Las aclaraciones y ayudas de índole práctica requeridas por los ciudadanos sobre procedimientos, trámites, requisitos y documentación para los proyectos, actuaciones o solicitudes que se propongan realizar, o para acceder al disfrute de un servicio público o beneficiarse de una prestación, no pueden entrañar:

a) Una interpretación normativa.

b) Una simple determinación de conceptos.

c) Una información de opciones legales.

d) Una colaboración en la cumplimentación de impresos o solicitudes.

21. Es una manifestación o declaración de un ciudadano en la que este transmite una idea con la que pretende la mejora de la calidad o accesibilidad de los servicios, el incremento en el rendimiento o ahorro del gasto público, la simplificación de trámites administrativos o supresión de aquellos considerados innecesarios, propuestas de modificaciones normativas y, con carácter general, propuesta de cualquier medida que suponga un mayor grado de satisfacción de la ciudadanía en sus relaciones con la Administración Pública:

a) Una queja.
b) Una sugerencia.
c) Una reclamación.
d) Una petición.

22. El derecho de petición ha de formularse:

a) Telemáticamente.
b) Presencialmente.
c) Mediante representante legal.
d) Por escrito.

23. Conforme al artículo 1 de la ley orgánica que regula el derecho de petición, son titulares del derecho de petición:

a) Toda persona natural o jurídica, prescindiendo de su nacionalidad.
b) Todos los españoles.
c) Cualquier persona física.
d) Toda persona natural o jurídica de nacionalidad española.

24. Qué técnica de comunicación asertiva consiste en otorgarle al cliente la razón pero no dejando lugar a continuar con el enfrentamiento o discusión:

a) Técnica para el cambio.
b) Técnica del disco rayado.
c) Técnica de ignorar.
d) Técnica del banco de niebla.

Solución al test n.º 8

1. c) Lenguaje corporal.

2. a) Asertivo.

3. b) Ruido.

4. c) 20 días hábiles.

5. b) Apelativa o conativa.

6. a) Interpersonal.

7. b) Utilizamos un lenguaje excesivamente técnico.

8. a) Utiliza el lenguaje verbal.

9. c) La igualdad de las partes en los procesos judiciales y la tutela judicial efectiva.

10. d) Un Punto de Acceso General electrónico de la Administración.

11. d) Real Decreto 208/1996, de 9 de febrero.

12. c) Canal.

13. d) Encadenar después de la última palabra la respuesta con la argumentación.

14. c) Cobran un papel fundamental los gestos y las posturas del empleado público.

15. c) De atención y orientación personalizada.

16. b) La concerniente al estado o contenido de los procedimientos en tramitación, y a la identificación de las autoridades y personal al servicio de las Administración General del Estado y de las entidades de derecho público vinculadas o dependientes de la misma bajo cuya responsabilidad se tramiten aquellos procedimientos.

17. b) Solo podrá ser facilitada a las personas que tengan la condición de interesados en cada procedimiento o a sus representantes legales.

18. c) Funciones de recepción y acogida a los ciudadanos.

19. d) Sí, cuando así se haya dispuesto reglamentariamente.

20. a) Una interpretación normativa.

21. b) Una sugerencia.

22. d) Por escrito.

23. a) Toda persona natural o jurídica, prescindiendo de su nacionalidad.

24. d) Técnica del banco de niebla.

TEST N.º 9

Los documentos en la administración: distribución, recogida y reparto. Las notificaciones administrativas. Nociones de archivo y almacenamiento. Traslado de material y mobiliario

1. El artículo 49.1 de la Ley 16/1985, de 25 de junio, del Patrimonio Histórico Español, lo define como "toda expresión en lenguaje natural o convencional y cualquier otra expresión gráfica, sonora o en imagen, recogidas en cualquier tipo de soporte material, incluso los soportes informáticos":

a) El documento.
b) El registro.
c) El archivo.
d) El expediente.

2. Es una característica del documento de archivo:

a) Es único e irrepetible.
b) Reflejan relaciones entre personas y Administración de forma subjetiva.
c) Carece de carácter seriado.
d) La reproducción en numerosos ejemplares.

3. ¿En qué edad se encuentran los documentos del archivo de gestión?

a) Edad histórica.
b) Edad administrativa.
c) Edad intermedia.
d) Edad preadministrativa.

4. ¿En qué edad del documento predomina claramente el valor secundario?

a) Edad administrativa.
b) Edad intermedia.
c) Edad histórica.
d) Edad prehistórica.

5. Los documentos de decisión:

a) Son aquellos que comunican la existencia de hechos o actos a otras personas, órganos o entidades.

b) Contienen una declaración de conocimiento de un órgano administrativo cuya finalidad es la acreditación de actos, hechos o efectos.

c) Contienen una declaración de juicio de un órgano administrativo, persona o entidad pública o privada, sobre las cuestiones de hecho o de derecho que sean objeto de un procedimiento administrativo.

d) Contienen una declaración de voluntad de un órgano administrativo sobre materias de su competencia.

6. A diferencia de una notificación, las comunicaciones:

a) No trasladan actos de decisión.

b) Acredita hechos, circunstancias, juicios o acuerdos.

c) Contienen una declaración de juicio de un órgano administrativo.

d) Son el instrumento por el que el ciudadano se relaciona con la actividad de las Administraciones Públicas.

7. ¿Cómo se llama el documento que contiene una o varias peticiones de un ciudadano dirigidas a promover la acción del órgano administrativo al que se dirige?

a) Petición.

b) Alegación.

c) Solicitud.

d) Recurso.

8. Por regla general, los documentos administrativos constan de tres partes:

a) Emisor, texto y firma.

b) Encabezamiento, cuerpo y pie.

c) Asunto, destinatario y emisor.

d) Antefirma, nombre del emisor y rúbrica.

9. Es un documento de los ciudadanos:

a) Informe.

b) Certificado.

c) Oficio.

d) Alegación.

10. Es un documento de constancia:

a) Certificado.

b) Resolución.

c) Oficio.
d) Informe.

11. ¿Cuál de los siguientes envíos postales se considera también un envío de correspondencia?

a) Libros.
b) Tarjetas postales.
c) Catálogos.
d) Diarios y publicaciones periódicas.

12. Los envíos postales, en tanto no lleguen a poder del destinatario:

a) Son propiedad del servicio postal.
b) Son propiedad del destinatario una vez depositados por el remitente.
c) Son propiedad del remitente.
d) Carecen de propietario.

13. Cualquier servicio consistente en la recogida, la admisión, la clasificación, el transporte, la distribución y la entrega de envíos postales, es:

a) Un servicio postal.
b) Un servicio universal.
c) Un servicio postal universal.
d) Un servicio estándar de correspondencia.

14. ¿Cuál de estas condiciones no es propia de una carta?

a) Carácter actual.
b) Envío cerrado.
c) Comunicación materializada en forma escrita sobre soporte físico de cualquier naturaleza.
d) Contenido conocido.

15. ¿Cuál de estas condiciones no es propia de una tarjeta postal?

a) Pieza rectangular de cartulina consistente o material similar.
b) Que circule en sobre abierto.
c) Que circule al descubierto.
d) Que contenga un mensaje de carácter actual y personal.

16. Señalar la opción incorrecta:

a) La indicación del término de "*tarjeta postal*" en los envíos individuales no implica esta clasificación postal a menos que tenga carácter actual y personal.
b) Los envíos de recibos, facturas, documentos de negocios, estados financieros y cualesquiera otros mensajes que no sean idénticos, tienen la consideración de cartas.

c) Se entiende por envío postal el envío con destinatario, preparado en la forma definitiva en la que deba ser transportado por el operador del servicio postal universal.

d) No podrán constituir paquetes postales los lotes o agrupaciones de las cartas o cualquier otra clase de correspondencia actual y personal.

17. ¿Cuál de estas características no es propia de los envíos de publicidad directa?

a) Que su distribución se efectúe en sobre cerrado.

b) Que esté formado por cualquier comunicación que consista únicamente en anuncios, o material publicitario o de marketing.

c) Que en su cubierta figure la expresión "*P. D.*" a efectos de facilitar la identificación de estos envíos.

d) Que se remita a una pluralidad de destinatarios.

18. Los envíos postales con naturaleza de carta, dirigidos a personas fallecidas:

a) Serán destruidos en presencia de notario y del representante legal de los herederos.

b) Serán entregados a sus herederos o a aquellos que tengan la administración de la herencia.

c) Quedarán depositados en la oficina de destino, desde la que, si es posible, se enviará consulta al remitente para que este autorice su entrega a los herederos u opte por su recuperación.

d) Se devolverán con carácter ordinario al remitente.

19. Los envíos con valor declarado garantizan, en caso de pérdida:

a) La cantidad declarada por el remitente.

b) La investigación por la autoridad competente.

c) La entrega a su destinatario.

d) La entrega a cambio de una cantidad predeterminada antes del envío.

20. La Ley 7/2011, de 3 de noviembre, de Documentos, Archivos y Patrimonio Documental de Andalucía define al ARCHIVO como un conjunto orgánico de .... producidos o recibidos en el ejercicio de sus funciones por las personas físicas o jurídicas, públicas y privadas. Qué palabra falta en la frase anterior:

a) Expedientes.

b) Documentos.

c) Ficheros.

d) Actos.

21. Conforme al artículo 27.1 de la Ley 7/2011, el Sistema Archivístico de Andalucía actuará bajo los principios de coordinación y:

a) Colaboración mutua.

b) Jerarquía.

c) Responsabilidad subsidiaria.

d) Descentralización administrativa y operativa.

22. Una ventaja del archivo descentralizado frente al archivo centralizado, es:

a) El archivo descentralizado permite ahorro de tiempo en busca de la información.
b) El archivo descentralizado estará atendido por profesionales especialistas.
c) El archivo descentralizado proporciona mayor proximidad y accesibilidad.
d) El archivo descentralizado permite el ahorro en instalaciones, equipos y materiales.

23. ¿Qué tipo de clasificación de documentos es preferible cuando se trata de fondos documentales de gran amplitud cronológica, especialmente en el ámbito de la Administración electrónica?

a) Clasificación orgánica.
b) Clasificación funcional.
c) Clasificación ideológica.
d) Clasificación por materias.

24. Operación que relaciona los documentos entre sí y proporciona a cada uno de ellos una situación determinada, un número de orden dentro de las unidades de instalación, es decir, dentro de los legajos, libros o cajas que contienen documentos:

a) Ordenación.
b) Clasificación.
c) Seriación.
d) Formalización.

25. Las normas de clasificación que permiten ordenar un archivo deben cumplir el siguiente requisito:

a) Complejidad.
b) Rapidez de localización.
c) Espacio.
d) Universalidad.

26. El almacenamiento de los productos sueltos, es decir, de aquellos que no están estructurados en forma de unidades de carga, se llama:

a) Almacenamiento en bloque.
b) Almacenamiento a granel.
c) Almacenamiento desordenado.
d) Almacenamiento caótico.

27. ¿Cuál de los siguientes métodos de almacenamiento permite un índice de optimización del espacio empleado del almacén del 100 %?

a) Almacenamiento en bloque mediante estanterías móviles.
b) Almacenamiento con pasillos utilizando carretillas trilaterales.

113

c) Almacenamiento con pasillos utilizando carretillas elevadoras contrapesadas.
d) Almacenamiento en bloque compacto.

28. No es un paso recomendado para levantar una carga:

a) Planificar el levantamiento.
b) Agarre firme.
c) Evitar giros.
d) Levantamiento rápido.

29. Un instrumento manual con horquillas que eleva la carga unos pocos centímetros, lo justo para moverla, es:

a) El apilador.
b) La transpaleta.
c) La carretilla.
d) La plataforma con ruedas.

30. Un polipasto es:

a) Un sistema de poleas.
b) Una carretilla.
c) Un apilador.
d) Una transpaleta.

31. Respecto a la inclinación del tronco en la manipulación manual de cargas, es correcto afirmar que:

a) La manipulación de una carga vigilando el centro de gravedad disminuye el riesgo de lesión en la zona.
b) La postura correcta al manejar una carga es con el tronco inclinado.
c) La postura correcta al manejar una carga es con la espalda derecha.
d) La técnica de levantamiento de la carga no afecta para una correcta manipulación.

32. En general, el peso máximo que se recomienda no sobrepasar en la manipulación manual de cargas es de:

a) 25 kg.
b) 30 kg.
c) 50 kg.
d) 20 kg.

33. Unas condiciones ideales de manipulación manual de cargas incluyen:

a) Levantamientos rápidos y continuados.
b) Espalda inclinada hacia delante.
c) Manejo de la carga sin giros ni inclinaciones.
d) Sujeción del objeto con una posición de la muñeca en ángulo de 90º.

34. En relación con la manipulación manual de cargas, la primera obligación del empresario es:

a) La formación e información de los trabajadores.
b) La vigilancia de la salud.
c) Evaluar los riesgos.
d) Evitar la manipulación manual.

35. A efectos prácticos, la Guía Técnica para la evaluación y prevención de los riesgos derivados de la manipulación manual de cargas considera carga a los objetos de:

a) Más de 1 kg.
b) Más de 3 kg.
c) Más de 5 kg.
d) Menos de 60 kg.

36. El riesgo de lesión será menor:

a) Cuanto más alejada esté la carga del cuerpo.
b) Cuanto más se gire el tronco.
c) Cuanto menor sea la frecuencia de la manipulación.
d) Cuanto menor sea el tiempo de descanso entre manipulaciones.

37. La Guía Técnica para la evaluación y prevención de los riesgos derivados de la manipulación manual de cargas recomienda que la profundidad de la carga no supere:

a) Los 25 cm.
b) Los 35 cm.
c) Los 60 cm.
d) Los 90 cm.

38. Según la Guía Técnica para la evaluación y prevención de los riesgos derivados de la manipulación manual de cargas, desde el punto de vista preventivo, lo ideal es no transportar la carga una distancia superior a:

a) 1 metro.
b) 3 metros.
c) 5 metros.
d) 10 metros.

39. Cuando los trayectos de manipulación manual de cargas no superan los 10 metros, el peso máximo acumulado transportado en una jornada de 8 horas de trabajo será de:

a) 3.000 kg.
b) 6.000 kg.
c) 10.000 kg.
d) 12.000 kg.

40. Se recomienda que en locales interiores el rango de temperaturas para trabajos ligeros se encuentre entre:

a) 10° y 30°.
b) 14° y 25°.
c) 5° y 35°.
d) 20° y 24°.

41. ¿Cuál de las siguientes acciones en la manipulación manual de cargas es correcta?

a) Doblar las piernas manteniendo en todo momento la espalda derecha, y mantener el mentón metido. No flexionar demasiado las rodillas.
b) Juntar los pies para proporcionar una postura estable y equilibrada para el levantamiento.
c) Girar el tronco antes de cambiar de dirección.
d) Sujetar firmemente la carga empleando ambas manos y separarla del cuerpo.

42. Según la Guía Técnica para la evaluación y prevención de los riesgos derivados de la manipulación manual de cargas, aquellas cargas sin asas que pueden sujetarse flexionando la mano 90° alrededor de la carga, se consideran de:

a) Agarre óptimo.
b) Agarre bueno.
c) Agarre regular.
d) Agarre malo.

43. El desplazamiento vertical ideal de una carga es de:

a) Hasta 25 cm.
b) Hasta 50 cm.
c) Hasta 100 cm.
d) Hasta 175 cm.

44. Cuando se maneja una carga entre dos personas la capacidad de levantamiento es:

a) La suma de sus capacidades individuales.
b) Dos tercios de la mayor de las capacidades de los dos trabajadores.
c) Dos tercios de la suma de sus capacidades individuales.
d) La mitad de la suma de sus capacidades individuales.

45. La Guía Técnica recomienda que no se deberían manipular cargas en postura sentada (siempre que sea en una zona próxima al tronco, evitando manipular cargas a nivel del suelo o por encima del nivel de los hombros y giros e inclinaciones del tronco) de más de:

a) 3 kilos.
b) 5 kilos.

c) 10 kilos.
d) 15 kilos.

46. El stock de un almacén es:

a) La cantidad de mercancías que se tienen en depósito.
b) La variedad, o referencias, o artículos que tiene una empresa.
c) La cantidad de bienes adquiridos por la empresa destinados a la venta sin transformación.
d) El sistema de control que la empresa realiza sobre el tráfico de las existencias.

47. Las existencias que se almacenan debido a que no es posible predecir siempre con exactitud el programa de ventas y producción de un producto determinado, constituyen un:

a) Stock de anticipación.
b) Stock por fluctuación.
c) Stock sobrante.
d) Stock por tamaño de lote.

48. ¿Cuál de los siguientes métodos de valoración de existencias se basa en costes históricos?

a) FIFO.
b) LIFO.
c) PMP.
d) NIFO.

49. El documento que expide el comprador cuando solicita productos al proveedor es:

a) El albarán.
b) El pedido.
c) La factura.
d) La nota de abono.

50. El documento que acredita la entrega de un pedido, sin necesidad de indicar la cantidad a pagar como contraprestación, es:

a) El albarán.
b) El pedido.
c) La factura.
d) La nota de abono.

Solución al test n.º 9

1. a) El documento.

2. a) Es único e irrepetible.

3. b) Edad administrativa.

4. c) Edad histórica.

5. d) Contienen una declaración de voluntad de un órgano administrativo sobre materias de su competencia.

6. a) No trasladan actos de decisión.

7. c) Solicitud.

8. b) Encabezamiento, cuerpo y pie.

9. d) Alegación.

10. a) Certificado.

11. b) Tarjetas postales.

12. c) Son propiedad del remitente.

13. a) Un servicio postal.

14. d) Contenido conocido.

15. b) Que circule en sobre abierto.

16. a) La indicación del término de *"tarjeta postal"* en los envíos individuales no implica esta clasificación postal a menos que tenga carácter actual y personal.

17. a) Que su distribución se efectúe en sobre cerrado.

18. c) Quedarán depositados en la oficina de destino, desde la que, si es posible, se enviará consulta al remitente para que este autorice su entrega a los herederos u opte por su recuperación.

19. a) La cantidad declarada por el remitente.

20. b) Documentos.

21. d) Descentralización administrativa y operativa.

22. c) El archivo descentralizado proporciona mayor proximidad y accesibilidad.

23. b) Clasificación funcional.

24. a) Ordenación.

25. b) Rapidez de localización.

26. b) Almacenamiento a granel.

27. d) Almacenamiento en bloque compacto.

28. d) Levantamiento rápido.

29. b) La transpaleta.

30. a) Un sistema de poleas.

31. c) La postura correcta al manejar una carga es con la espalda derecha.

32. a) 25 kg.

33. c) Manejo de la carga sin giros ni inclinaciones.

34. d) Evitar la manipulación manual.

35. b) Más de 3 kg.

36. c) Cuanto menor sea la frecuencia de la manipulación.

37. b) Los 35 cm.

38. a) 1 metro.

39. c) 10.000 kg.

40. b) 14 y 25º.

41. a) Doblar las piernas manteniendo en todo momento la espalda derecha, y mantener el mentón metido. No flexionar demasiado las rodillas.

42. c) Agarre regular.

43. a) Hasta 25 cm.

44. c) Dos tercios de la suma de sus capacidades individuales.

45. b) 5 kilos.

46. a) La cantidad de mercancías que se tienen en depósito.

47. b) Stock por fluctuación.

48. c) PMP.

49. b) El pedido.

50. a) El albarán.

TEST N.º 10

Ofimática. El manejo de la fotocopiadora, escáner y máquinas de ofimática de uso habitual en las oficinas administrativas. Normas de uso y conservación. La Informática de la Administración Pública: gestión del correo electrónico

1. ¿Cómo se llama el Tipo de Letra usada en un documento?

a) Formato de Fuente.
b) Fuente.
c) Ambas son correctas.
d) Ninguna es correcta.

2. En el grupo Fuente, el botón de subíndice:

a) Alza el texto seleccionado por debajo de la línea de base.
b) Desciende el texto seleccionado sobre la línea de base.
c) Ambas son correctas.
d) Ninguna es correcta.

3. En un proceso de combinar correspondencia de Word 2016:

a) Podemos insertar campos de una base de datos.
b) Podemos filtrar datos de una base de datos.
c) Ambas son correctas.
d) Ninguna es correcta.

4. Si hacemos clic en el color de Fuente Automático:

a) Se aplica el color definido en el Panel de Control de Windows.
b) Aplica color Negro.
c) Ambas son correctas.
d) Ninguna es correcta.

5. Selecciona el tipo de subrayados correcto:

a) Subrayado Onda Grueso.
b) Subrayado Onda Doble.
c) Ambas son correctas.
d) Ninguna es correcta.

6. En la lista desplegable de Escala, ¿se puede expandir o comprimir el texto entre qué porcentajes?

a) 1 a 1000.
b) 1 a 600.
c) 1 a 450.
d) Ninguna es correcta.

7. La alineación es un comando de Word 2016 que afecta a:

a) La selección de texto.
b) La dirección del texto.
c) Ambas son correctas.
d) Ninguna es correcta.

8. En un proceso de combinar correspondencia de Word 2016 necesitamos:

a) Una base de datos u origen de datos.
b) Un formulario de entrada de campos.
c) Ambas son correctas.
d) Ninguna es correcta.

9. Un estilo de Word 2016 es un conjunto de características de formato:

a) Que se puede aplicar al texto de un documento.
b) Que se puede aplicar a la imagen de un documento.
c) Ambas son correctas.
d) Ninguna es correcta.

10. La combinación de teclas para la alineación centrada es:

a) CTRL + T.
b) CTRL + Q.
c) CTRL + J.
d) Ninguna es correcta.

11. El interlineado se puede definir como:

a) El espacio que hay entre los párrafos de un documento.
b) El espacio que hay entre los caracteres de un párrafo.

c) El espacio que hay entre los párrafos seleccionados.
d) Ninguna es correcta.

12. El botón Borrar Formato:

a) Deja el texto sin formato.
b) Borra todo el Formato de la selección.
c) Ambas son correctas.
d) Ninguna es correcta.

13. Los sangrados en Word 2016:

a) Definen el límite izquierdo de los párrafos de un documento.
b) Definen el límite derecho de los párrafos de un documento.
c) Ambas son correctas.
d) Ninguna es correcta.

14. La sangría francesa:

a) Controla el límite izquierdo de todas las líneas del párrafo menos la segunda.
b) Controla el límite izquierdo de todas las líneas del párrafo menos la última.
c) Controla el límite izquierdo de todas las líneas del párrafo menos la primera.
d) Ninguna es correcta.

15. Para disminuir un nivel en una lista Multinivel de Word 2016 pulsamos:

a) Mayúsculas + Control.
b) Mayúsculas + Ins.
c) Mayúsculas + L.
d) Ninguna es correcta.

16. ¿Cuántas listas desplegables hay en el cuadro de diálogo de Fuente?

a) 4.
b) 3.
c) 6.
d) Ninguna es correcta.

17. La carta modelo en un proceso de combinar correspondencia de Word 2016:

a) Incluirá el texto que no varía.
b) Tendrá la tabla de datos para combinar.
c) Ambas son correctas.
d) Ninguna es correcta.

18. En un proceso de combinar correspondencia de Word 2016 se usan:

a) Cartas y Sobres.
b) Mensajes de correo electrónico.
c) Ambas son correctas.
d) Ninguna es correcta.

19. Un estilo de Word 2016 puede ser:

a) De párrafo, carácter, imagen y tabla.
b) De párrafo, carácter, imagen y lista.
c) De párrafo, carácter, lista y tabla.
d) Ninguna es correcta.

20. La biblioteca de viñetas es:

a) El conjunto de viñetas usadas en el documento actual.
b) El conjunto de viñetas disponibles para usar.
c) El conjunto de viñetas de tipo párrafo.
d) Ninguna es correcta.

21. ¿Cuál de las siguientes no es una alineación válida de una tabla en Word 2016?

a) Ajustar a la izquierda.
b) Ajustar a la derecha.
c) Ajustar al centro.
d) Derecha.

22. ¿Cuál es la combinación de teclas en Word 2016 que sirve para moverse una celda a la izquierda de la actual?

a) Alt + TAB.
b) Flecha izquierda.
c) TAB.
d) Mayúsc + TAB.

23. ¿Cuál de las siguientes afirmaciones es correcta en Word 2016?

a) El botón Combinar celdas solo estará activo si hay más de una celda seleccionada en la tabla.
b) El botón Combinar celdas solo estará activo si hay una celda seleccionada en la tabla.
c) El botón Combinar celdas sólo estará activo si hay menos de cinco celdas seleccionadas en la tabla.
d) El botón Combinar celdas solo estará activo si hay más de tres celdas seleccionada en la tabla.

24. Si estando situados en la última celda de la segunda fila de una tabla de Word 2016 pulsamos la tecla TAB, ¿qué sucederá?

a) Si no estamos en la última fila, se creará una nueva fila.
b) Se desplazará a la celda siguiente siempre que no estemos en la penúltima columna.
c) Si es la última fila creará una nueva fila.
d) Se desplazará a la celda anterior.

25. ¿Cuál de los siguientes valores es un tipo correcto para usar en una columna de Word 2016?

a) Párrafo.
b) Fecha/Hora.
c) Número.
d) Booleano.

26. ¿Cuántas opciones de cambio de dirección de texto tenemos en Word 2016?

a) 2.
b) 4.
c) 5.
d) 3.

27. Si tenemos el siguiente texto "CARLOS,TOJEIRO,ALCALÁ,20,47 €,CALLE REAL 25,15002,A CORUÑA" y usamos la utilidad de convertir texto en tabla, con separador de ",", ¿cuántas columnas y filas nos ofrecerá por defecto?

a) 8 columnas y 1 fila.
b) 1 columna y 8 filas.
c) 7 columnas y 1 fila.
d) 1 columna y 7 filas.

28. La extensión de la plantilla por defecto en Word 2016 es:

a) dotx
b) dotm
c) docx
d) dot

29. La combinación de teclas que crea un salto de línea manual es:

a) Control + Enter.
b) Mayúsculas + Enter.
c) Alt + Enter.
d) Control + Alt + Enter.

30. ¿Cuál de las siguientes es un ajuste válido del texto con respecto a una tabla en Word 2016?

a) Alrededor.
b) Estrecho.
c) En línea con el texto.
d) Cuadrado.

31. Si queremos eliminar un comentario que tiene una celda de Excel 2016, ¿a qué ficha tenemos que acceder?

a) Revisar.
b) Comentarios.
c) Datos.
d) Programador.

32. Las constantes de Excel 2016 pueden ser valores:

a) Numéricos y de tipo texto.
b) Horas y Fechas.
c) Numéricos, de texto, horas y fechas.
d) Numéricos, de texto, horas y fechas y booleanos.

33. Si en una celda aparecen símbolos de sostenido (#####):

a) Está en notación científica negativa.
b) Es un valor de texto incorrecto.
c) El valor no cabe en la altura de la celda.
d) El valor no cabe en la anchura de la celda.

34. De manera predeterminada, Excel 2016:

a) Muestra 1 hoja de cálculo.
b) Muestra 5 hojas de cálculo.
c) Muestra 10 hojas de cálculo.
d) Es un valor configurable.

35. La opción de ocultar Hoja de Excel 2016 podemos encontrarla en:

a) El botón de lista Insertar.
b) El botón de lista Hoja.
c) El botón de lista Formato.
d) El botón de lista Eliminar.

36. La etiqueta de la hoja de cálculo se colorea totalmente cuando:

a) Estás en una hoja distinta.
b) Estás en la propia hoja.

c) Siempre esta coloreada.
d) Si la hoja no está totalmente vacía.

37. En la ficha de Diseño de Página, en el grupo Configurar Página, podemos:

a) Definir los márgenes de la hoja.
b) Definir los saltos de página.
c) Definir los márgenes y los saltos de página.
d) Definir los márgenes, los saltos de página pero no el centrado de las páginas.

38. La escala de ajuste de la hoja de cálculo, tiene un valor máximo de:

a) 100 %.
b) 400 %.
c) 250 %.
d) 150 %.

39. Un encabezado en Excel 2016 es la parte de la Hoja que está:

a) Entre el borde inferior y el margen superior.
b) Entre el borde inferior y el margen inferior.
c) Entre el borde superior y el margen superior.
d) Entre el borde superior y el margen superior.

40. El código #N/A es:

a) Error de acceso a la celda.
b) Fórmula matricial.
c) Error de celda.
d) División por 0.

41. Las funciones de Excel 2016 son:

a) Fórmulas predefinidas.
b) Cálculos predefinidos.
c) Argumentos predefinidos.
d) Macros.

42. La función "=SUMA(A1 ; A8 ; A10):

a) Suma todas las celdas desde la A1 a la A8 y además la A10.
b) Suma todas las celdas desde la A1 a la A10 menos la A8.
c) Suma todas las celdas desde la A1 a la A8 y el resultado lo coloca en la A10.
d) Suma las celdas A1, A8 y la A10.

43. La función "=SUMA(A1 ; 3 ; A8):

a) Suma 3 veces la celda A1 y la A8.
b) Suma la celda A1 y 3 veces la celda A8.
c) No es una formula correcta.
d) Suma la celda A1, una constante de 3 y la celda A8.

44. La función RESIDUO:

a) Calcula el interés residual de un préstamo.
b) Devuelve el resto de una división.
c) Calcula la parte entera de una división.
d) No es una función correcta, sería RESTO.

45. La función" =REDONDEAR (B3 ; -2)":

a) Dará un error como resultado.
b) Redondea el valor B3 al valor más cercano a "-2".
c) Redondea el valor B3 y le resta "2".
d) Devuelve como resultado 0.

46. Un gráfico en Excel 2016 puede tener:

a) Eje X.
b) Eje X, Eje Y.
c) Eje X, Eje Y, Eje Z.
d) Eje X y Eje Z.

47. El eje de valores de un gráfico en columnas:

a) Puede ser el eje vertical.
b) Puede ser el eje horizontal.
c) Puede ser el eje vertical u horizontal.
d) Un gráfico de columnas no tiene eje de valores.

48. Si en los rótulos de la lista aparecen botones de lista desplegable es porque:

a) Se ha realizado una ordenación personalizada.
b) Se ha realizado un Filtrado.
c) Se ha realizado un Subtotal.
d) Se ha realizado un Filtro Avanzado.

49. Los datos de una lista de una hoja de cálculo se ordenan:

a) Alfabéticamente.
b) Personalizadamente.

c) Puede ser Alfabéticamente o Personalizadamente.
d) Por la fila de las celdas afectadas.

50. El área de trazado de un gráfico:

a) Es el área total ocupada por el gráfico.
b) Es el área que ocupa la representación de las series de datos.
c) Es el área que ocupan el título y la leyenda del gráfico.
d) Es el área que ocupa la leyenda y los rótulos de datos.

51. El tamaño de un A4 es:

a) 297 x 210 mm.
b) 148 x 105 mm.
c) 420 x 297 mm.
d) 210 x 148 mm.

52. ¿Qué tipo de escáner se utiliza para escanear elementos frágiles?

a) De rodillo.
b) De tambor.
c) De cama plana.
d) Cenital.

53. Son máquinas reproductoras:

a) Las guillotinadoras.
b) Las encuadernadoras.
c) Los escáneres.
d) Las plastificadoras.

54. Las fotocopiadoras electroestáticas se caracterizan porque:

a) Usan papel normal.
b) El documento original es barrido por un rayo de luz intensa que proyecta la imagen sobre un tambor por donde se distribuye el tóner, que adhiriéndose a la zona donde hay imagen, reproduce el original.
c) La imagen se transfiere al papel que, al calentarse, fija el pigmento sobre la copia.
d) La Imagen a reproducir se proyecta directamente sobre el papel especial cuya superficie queda sensibilizada con cargas eléctricas.

55. La medida 420 x 297 mm corresponde a un:

a) A3.
b) A4.

c) B5.
d) B1.

56. En la fase de calentamiento de la fotocopiadora, ¿pueden realizarse copias?

a) Únicamente en las fotocopiadoras profesionales.
b) Sí.
c) No.
d) A veces se pueden realizar en las fotocopiadoras personales.

57. Si vamos a realizar fotocopias sin servirnos del alimentador recirculante de originales, ¿cómo dejaremos la cubierta superior de la máquina?

a) Preferiblemente abierta.
b) Cerrada.
c) Necesariamente abierta.
d) Si la cubierta superior no está cerrada, la máquina no funciona.

58. ¿Qué máquinas hacen al papel inservible e ilegible?

a) Las máquinas destructoras.
b) Las máquinas fresadoras.
c) Las taladradoras.
d) Las cizallas.

59. Las fotocopiadoras:

a) Reproducen imágenes o textos directamente sobre papel, sin necesidad de utilizar clichés.
b) Reproducen solamente textos sobre papel, sin necesidad de utilizar clichés.
c) Reproducen imágenes o textos directamente sobre papel utilizando clichés.
d) Reproducen imágenes o textos directamente sobre un cliché, con el que posteriormente se pueden hacer múltiples copias.

60. Las encuadernadoras:

a) Son máquinas capaces de obtener una copia exacta de un documento original mediante un proceso electrostático.
b) Son máquinas cuya función es la destrucción de papel, de forma que quede absolutamente inservible e ilegible.
c) Se utilizan para ordenar y presentar adecuadamente los documentos, clasificándolos e incorporándoles portadas.
d) Se utilizan para plastificar documentos, con objeto de preservarlos de manchas o del deterioro.

61. La plancha tipográfica en la que se ha reproducido una composición o un grabado para su posterior impresión, se llama:

a) Tóner.
b) Reset.
c) Starter.
d) Cliché.

62. El tóner es:

a) La "tinta" de la fotocopiadora.
b) El alimentador de la fotocopiadora.
c) El sistema de transporte de la fotocopiadora.
d) El tono de impresión requerido para una copia.

63. El "canutillo" es un tipo de:

a) Grapado.
b) Encuadernado.
c) Plastificado.
d) Franqueado.

64. La resma es:

a) Un tipo de papel.
b) Una medida tradicional para contar hojas de papel.
c) Un formato de papel.
d) El papel sobrante después del guillotinado.

65. Los escáneres de las fotocopiadoras son del tipo:

a) Escáneres de rodillo.
b) Escáneres de mano.
c) Escáneres cenitales.
d) Escáneres de cama plana.

66. ¿Qué impresora contiene una esfera con varios caracteres que gira hasta posicionar el carácter pretendido en frente de un pequeño martillo?

a) Impresora de margarita.
b) Impresora de agujas.
c) Impresora láser.
d) Impresora de línea.

67. ¿Qué tres colores utilizan las impresoras para hacer copias a color?

a) Negro, amarillo y cián.
b) Amarillo, cián y magenta.

c) Negro, cián y magenta.
d) Negro, blanco y magenta.

68. Para horadar o perforar hojas con objeto de introducirlas en archivadores AZ, utilizaremos:

a) La ensobradora.
b) La guillotina.
c) La taladradora.
d) La cizalla.

69. De las siguientes, es una impresora de impacto:

a) La impresora láser.
b) La impresora multifunción.
c) La impresora de inyección de tinta.
d) La impresora de margarita.

70. Thunderbird:

a) No es gratuito.
b) Multiplataforma y no es gratuito.
c) Multiplataforma y software libre.
d) Ninguna de las anteriores respuestas es cierta.

71. Thunderbird se puede instalar:

a) Solo en Windows.
b) Solo en Linux.
c) En MAC.
d) En todos los anteriores.

72. Para configurar una cuenta tendrá que:

a) Indicar su nombre.
b) Indicar su nombre y la cuenta.
c) Indicar su nombre, dirección de correo y contraseña.
d) Indicar su nombre y su DNI.

73. Usted puede enviar un e-mail:

a) Solo a un destinatario a la vez.
b) A dos destinatarios.
c) A los destinatarios que desee.
d) A las personas que estén almacenada en su cuenta.

74. Para empezar a escribir un e-mail tiene que:

a) Pinchar en enviar.
b) Pinchar en leer.
c) Pinchar en redactar.
d) Dar a responder, ya que solo puede responder los e-mails.

75. ¿Dónde se escriben los destinatarios de un e-mail?

a) Normalmente en "Para…".
b) En "Cc…".
c) En "Bcc…".
d) Puede escribirse en cualquiera de estos campos.

76. El destinatario de una a copia visible de un e-mail va en:

a) Normalmente en "Para…".
b) En "Cc…".
c) En "Bcc…".
d) Puede escribirse en cualquiera de estos campos.

77. El destinatario de una a copia oculta de un e-mail va en:

a) Normalmente en "Para…".
b) En "Cc…".
c) En "Bcc…".
d) Puede escribirse en cualquiera de estos campos.

78. Se recomienda poner en "Asunto" el tema a tratar en el e-mail:

a) Nunca.
b) Solo si los destinatarios están en la libreta de direcciones.
c) Solo si los destinatarios no están en la libreta de direcciones.
d) Siempre.

79. Para ver la libreta de contactos puede pulsar:

a) F1.
b) F2.
c) F3.
d) F9.

80. ¿Qué tecla debe mantener pulsada para seleccionar contactos de manera aleatoria a los que desea enviar el e-mail?

a) Ctrl.
b) Shift.

133

c) F9.
d) Ninguna.

81. ¿Qué tecla debe mantener pulsada para seleccionar contactos consecutivos a los que desea enviar el e-mail?

a) Ctrl.
b) Shift.
c) F9.
d) Ninguna.

82. Si la bandeja de entrada está en negrita significa que:

a) Ha borrado un mensaje.
b) Ha enviado un mensaje.
c) Le ha llegado un mensaje y no lo ha leído.
d) Ninguna de las respuestas anteriores es correcta.

83. Usted puede bloquear un usuario:

a) No puede bloquear un usuario nunca.
b) Solo puede bloquear un contacto guardado en la lista de direcciones.
c) Solo puede bloquear un contacto si no está guardado en la lista de direcciones.
d) Realizando un filtro.

84. Usted puede adjuntar al e-mail:

a) Solo imágenes.
b) Solo archivos .pdf.
c) Cualquier archivo.
d) Cualquier archivo, pero no de cualquier tamaño.

85. Thunderbird permite organizar los mensajes:

a) Solo en las carpetas que tiene por defecto.
b) Solo en la bandeja de entrada.
c) Solo en la bandeja de salida.
d) Puede crear carpetas para organizarlos.

Solución al test n.º 10

1. b) Fuente.

2. d) Ninguna es correcta.

3. c) Ambas son correctas.

4. a) Se aplica el color definido en el Panel de Control de Windows.

5. a) Subrayado Onda Grueso.

6. b) 1 a 600.

7. d) Ninguna es correcta.

8. a) Una base de datos u origen de datos.

9. a) Que se puede aplicar al texto de un documento.

10. a) CTRL + T.

11. d) Ninguna es correcta.

12. c) Ambas son correctas.

13. c) Ambas son correctas.

14. c) Controla el límite izquierdo de todas las líneas del párrafo menos la primera.

15. d) Ninguna es correcta.

16. b) 3.

17. a) Incluirá el texto que no varía.

18. c) Ambas son correctas.

19. c) De párrafo, carácter, lista y tabla.

20. b) El conjunto de viñetas disponibles para usar.

21. b) Ajustar a la derecha.

22. d) Mayúsc + TAB.

23. a) El botón Combinar celdas solo estará activo si hay más de una celda seleccionada en la tabla.

24. c) Si es la última fila creará una nueva fila.

25. c) Número.

26. d) 3.

27. b) 1 columna y 8 filas.

28. b) dotm

29. b) Mayúsculas + Enter.

30. a) Alrededor.

31. a) Revisar.

32. c) Numéricos, de texto, horas y fechas.

33. d) El valor no cabe en la anchura de la celda.

34. d) Es un valor configurable.

35. c) El botón de lista Formato.

36. a) Estás en una hoja distinta.

37. c) Definir los márgenes y los saltos de página.

38. b) 400 %.

39. c) Entre el borde superior y el margen superior.

40. c) Error de celda.

41. a) Fórmulas predefinidas.

42. d) Suma las celdas A1, A8 y la A10.

43. d) Suma la celda A1, una constante de 3 y la celda A8.

44. b) Devuelve el resto de una división.

45. d) Devuelve como resultado 0.

46. c) Eje X, Eje Y, Eje Z.

47. c) Puede ser el eje vertical u horizontal.

48. b) Se ha realizado un Filtrado.

49. c) Puede ser Alfabéticamente o Personalizadamente.

50. b) Es el área que ocupa la representación de las series de datos.

51. a) 297 x 210 mm.

52. d) Cenital.

53. c) Los escáneres.

54. d) La imagen a reproducir se proyecta directamente sobre el papel especial cuya superficie queda sensibilizada con cargas eléctricas.

55. a) A3.

56. c) No.

57. b) Cerrada.

58. a) Las máquinas destructoras.

59. a) Reproducen imágenes o textos directamente sobre papel, sin necesidad de utilizar clichés.

60. c) Se utilizan para ordenar y presentar adecuadamente los documentos, clasificándolos e incorporándoles portadas.

61. d) Cliché.

62. a) La "tinta" de la fotocopiadora.

63. b) Encuadernado.

64. b) Una medida tradicional para contar hojas de papel.

65. d) Escáneres de cama plana.

66. a) Impresora de margarita.

67. b) Amarillo, cián y magenta.

68. c) La taladradora.

69. d) La impresora de margarita.

70. c) Multiplataforma y software libre.

71. d) En todos los anteriores.

72. c) Indicar su nombre, dirección de correo y contraseña.

73. c) A los destinatarios que desee.

74. c) Pinchar en redactar.

75. a) Normalmente en "Para…".

76. b) En "Cc…".

77. c) En "Bcc…".

78. d) Siempre.

79. d) F9.

80. a) Ctrl.

81. b) Shift.

82. c) Le ha llegado un mensaje y no lo ha leído.

83. d) Realizando un filtro.

84. d) Cualquier archivo, pero no de cualquier tamaño.

85. d) Puede crear carpetas para organizarlos.

SUPUESTOS PRÁCTICOS

SUPUESTO N.º 1

Supuesto sobre atención al público

A lo largo de la semana han sido muchos y muy variados los tipos de personas con los que ha tenido que tratar el Subalterno Vicente como parte de sus funciones de atención al público.

En todo caso, Vicente se ha esforzado por dar un trato respetuoso y adecuado para que cada persona fuera convenientemente atendida por el motivo que le acercó a la Administración. Para ello, Vicente ha tenido que ajustar su trato a las características de cada ciudadano y posibilitar así la mejor comunicación posible.

En lo que va de mañana, Vicente ha atendido a 8 ciudadanos, que nombraremos por sus nombres de pila y que mostraban las siguientes características:

- El ciudadano Andrés era negativista, poco objetivo y creía en todo momento que tenía la verdad absoluta.

- El ciudadano Benito era muy reservado, se mostraba asustado e inseguro y prefería escuchar en vez de hablar.

- El ciudadano Carlos se mostraba exigente, avasallando e insultando repetidamente, además parecía muy susceptible.

- La ciudadana Dolores era muy desconfiada, aguda y crítica, poniéndolo todo en entredicho.

- El ciudadano Eduardo era muy hablador, abierto y comunicativo. Se salía mucho del tema y era muy impulsivo.

- La ciudadana Francisca era muy crítica y meticulosa. Preguntaba mucho y se le veía muy insegura.

- La ciudadana Gloria hablaba muy poco, iba directamente al asunto con muy poca diplomacia y mucha frialdad. Se mostraba bastante desorientada.

- Por último, el ciudadano Hugo se ha mostrado muy orgulloso, engreído y altivo, creyéndose que lo sabía todo.

En un primer lugar, intentando comprender cómo lo ha percibido Vicente, debemos identificar cada tipo de ciudadanos que se ha dirigido a él a partir de las características observadas. No se trata de poner etiquetas a cada persona sin más, sino, más bien, de entender cómo actúa la persona que tenemos delante para saber dar el mejor tipo de respuesta a cada persona según las características que presentan.

Cuestiones

1. Por las características mencionadas entendemos que Andrés es una persona:

a) Excitable.
b) Escéptica.
c) Inquisitiva.
d) Irrazonable.

2. Por las características mencionadas entendemos que Benito es una persona:

a) Escéptica.
b) Tímida.
c) Silenciosa.
d) Entendida.

3. Por las características mencionadas entendemos que Carlos es una persona:

a) Excitable.
b) Inquisitiva.
c) Presuntuosa.
d) Irrazonable.

4. Por las características mencionadas entendemos que Dolores es una persona:

a) Entendida.
b) Silenciosa.
c) Escéptica.
d) Irrazonable.

5. Por las características mencionadas entendemos que Eduardo es una persona:

a) Excitable.
b) Presuntuosa.
c) Habladora.
d) Entendida.

¿Qué tipo de trato ha tenido que dar Vicente en cada caso para que cada persona viera satisfecha y eficazmente cumplida su necesidad de información y de servicio que le trajo a la Administración? En cada caso nombraremos tres tipos de respuestas que podría haber dado Vicente; tenemos que identificar la más acertada en función del comportamiento que mostraba cada ciudadano. Todas las respuestas mencionadas pueden parecer buenas, pero se trata de señalar aquella en la que hay que apoyarse más:

6. Ante el comportamiento de Dolores, es conveniente:

a) Tener paciencia y perseverancia.
b) Darle conocimientos técnicos.
c) Encauzarle en el tema.
d) Dar detalles.

7. Ante el comportamiento de Eduardo, es conveniente:

a) No competir con él.
b) Pasarse a su bando.
c) Permanecer impasible.
d) Ser breve y cortés.

8. Ante el comportamiento de Francisca, es conveniente:

a) Mostrar calma.
b) Brevedad y cortesía.
c) No contradecirse.
d) Ir al grano.

9. Ante el comportamiento de Gloria, es conveniente:

a) Permanecer impasible.
b) Mantenerse firme.
c) Dar garantías.
d) Llevar la iniciativa.

10. Ante el comportamiento de Hugo, es conveniente:

a) Mostrar amabilidad.
b) Tratarle en reservado.
c) Competir con él.
d) Evitar adularle.

El resto de la jornada, Vicente se encuentra trabajando en la centralita de la institución. Todas las llamadas recibidas en el puesto de contestación son señalizadas tanto óptica como acústicamente; si mientras Vicente está atendiendo a un ciudadano entra una nueva llamada, esta se señalizará de una forma óptica exclusivamente. Mientras atiende el teléfono un usuario interno ha solicitado a Vicente una comunicación urbana, pero el abonado deseado no contesta y Vicente le dice al usuario que vuelva a intentarlo pasado un tiempo.

Pasada una hora, Vicente debe ausentarse unos minutos del puesto de contestación y nadie puede suplirle momentáneamente en su ausencia, por lo que decide descolgar el teléfono hasta su vuelta.

Un Jefe de Sección pregunta a Vicente cuál es el procedimiento a seguir para localizar el número telefónico de un abonado de una localidad distinta a la capital de la provincia. Vicente cuenta para ello con una guía telefónica de la provincia.

11. Si el número de llamada externo que Vicente ha solicitado está ocupado:

a) El número se activará cuantas veces se desee mediante su reclamación.
b) Marcará insistentemente sin dar paso a nuevas llamadas para atender al usuario.
c) Mandará al usuario al teléfono público más cercano para que lo siga intentando.
d) Queda eximido de seguir intentándolo.

12. ¿Puede Vicente ausentarse de la centralita?

a) No, no puede abandonar su puesto de trabajo bajo ningún concepto.
b) Derivará las llamadas recibidas hacia otro puesto de contestación de reserva.
c) Descolgará el teléfono mientras se ausente y nadie notará su marcha.
d) Sí, siempre que sea en la franja de la jornada que menos llamadas se reciben.

13. ¿Cómo buscará Vicente al abonado solicitado en la guía telefónica?

a) Buscará directamente el primer apellido en las últimas páginas de la guía.
b) Primero debe localizar la población.
c) En la guía aparece una única relación de abonados de la provincia, independientemente de la población. Por tanto, primero debe hacer una búsqueda alfabética del primer apellido y a partir de ahí buscar por el segundo apellido.
d) Su función es hacer la llamada pero no buscar un número de teléfono.

14. La voz de Vicente al atender el teléfono, debe ser:

a) Apagada.
b) Clara.
c) Castellanizada.
d) Robótica.

15. La actitud de Vicente ha de ser en todo momento:

a) Positiva.
b) Personal.
c) Inflexible.
d) Distante.

16. En la comunicación telefónica, Vicente guardará silencio cuando:

a) Quiera zanjar el asunto.
b) Esté seguro de que ha dicho todo lo que tenía que decir.
c) No esté de acuerdo con lo que dice su interlocutor.
d) El cliente le habla.

17. Cuando Vicente recibe una llamada que estaba en espera:

a) Hablará rápidamente para atender lo antes posible al usuario.
b) Explicará al cliente por qué está esperando.
c) Se identificará con su nombre.
d) Le dará prioridad sobre cualquier otro asunto que pueda surgir durante la comunicación.

18. Vicente atiende telefónicamente, hablando de forma muy técnica a un usuario que llama al Organismo. ¿Se puede afirmar que está usando un lenguaje correcto?

a) Sí, la ley le obliga a usar siempre un lenguaje técnico y preciso.
b) Sí.
c) No, ya que un lenguaje correcto tiene que ser muy coloquial.
d) No, ya que un lenguaje correcto no tiene por qué ser muy técnico.

19. Vicente atiende telefónicamente a un usuario que llama al Organismo. El usuario pregunta por otro empleado de la Institución que no se encuentra en ese momento en el edificio. Señala la opción correcta de la acción de Vicente al usuario:

a) Le notificará el tiempo que lleva fuera y dará explicaciones de por qué no está.
b) Le colgará amablemente y con cortesía, sin dar ningún tipo de explicación ni información.
c) Tomará nota de la llamada y el motivo.
d) Le pasará la llamada a otro funcionario para que también lo atienda y así el usuario vea que se le ha mostrado interés.

20. Vicente atiende a un usuario que se persona en el edificio. El alterado usuario pretende comunicar una queja o reclamación a la entidad. ¿Qué no debe hacer Vicente?

a) Adoptar una actitud positiva y huyendo de la pasividad o falta de interés.

b) Permitir expresarse al usuario y darle las condiciones correctas para que se traslade su problema.

c) Evitar que la reclamación surta efecto, convenciendo al usuario de que no insista ya que es negativo para la Entidad.

d) Encaminarle a la ventanilla o dependencia a la que ha de dirigirse.

Solución al supuesto n.º 1

1. d) Irrazonable.

2. b) Tímida.

3. a) Excitable.

4. c) Escéptica.

5. c) Habladora.

6. a) Tener paciencia y perseverancia.

7. d) Ser breve y cortés.

8. c) No contradecirse.

9. d) Llevar la iniciativa.

10. a) Mostrar amabilidad.

11. a) El número se activará cuantas veces se desee mediante su reclamación.

12. b) Derivará las llamadas recibidas hacia otro puesto de contestación de reserva.

13. b) Primero debe localizar la población.

14. b) Clara.

15. a) Positiva.

16. d) El cliente le habla.

17. b) Explicará al cliente por qué está esperando.

18. d) No, ya que un lenguaje correcto no tiene por qué ser muy técnico.

19. c) Tomará nota de la llamada y el motivo.

20. c) Evitar que la reclamación surta efecto, convenciendo al usuario de que no insista ya que es negativo para la Entidad.

SUPUESTO N.º 2

Supuesto sobre máquinas reproductoras

1. Un directivo de un organismo entrega a un subalterno una carpeta que contiene un documento grapado por el ángulo superior izquierdo de 25 hojas DIN-A4 escritas a una cara y le pide que saque 10 copias a dos caras en papel DIN-A4 de 90 gramos y que las prepare igualmente grapadas por el ángulo superior izquierdo. Para realizar el encargo, el subalterno cargará la fotocopiadora con papel de la siguiente medida:

a) 148 x 105 mm.
b) 215 x 315 mm.
c) 297 x 210 mm.
d) 279,4 x 215,9 mm.

2. Teniendo en cuenta la siguiente imagen delantera izquierda y delantera derecha de una fotocopiadora, los casetes donde se carga el papel para las fotocopias están identificados con el/los número/s:

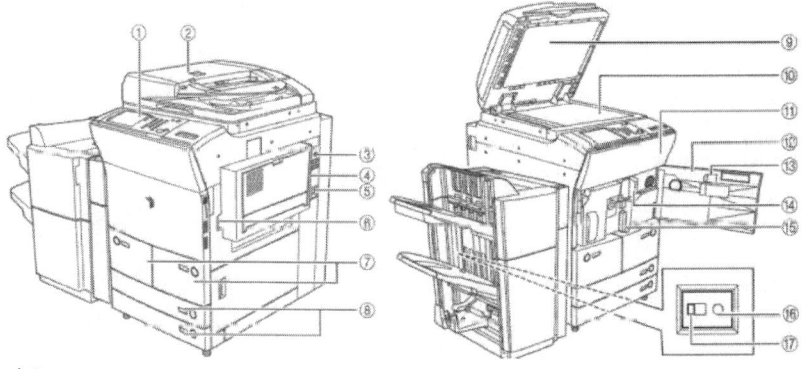

a) 2.
b) 7 y 8.
c) 12.
d) 4.

3. Si durante el funcionamiento de la fotocopiadora aparece iluminada la tecla de función número 4 significa que:

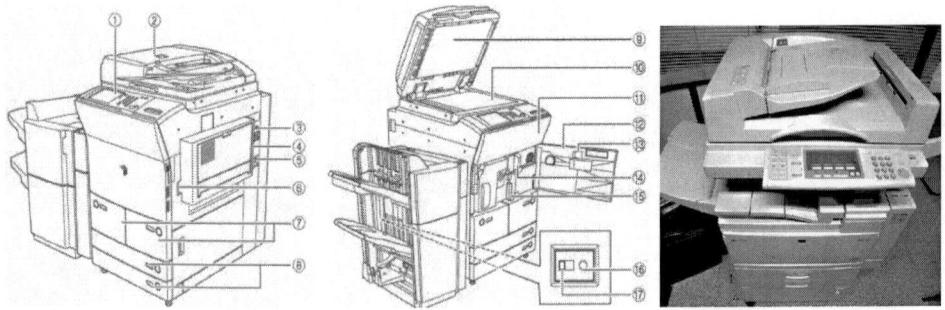

a) Se ha producido un atasco de papel.
b) La máquina se ha quedado sin papel.
c) La fotocopiadora se está quedando sin tóner.
d) El original tiene poco contraste.

4. Si la que se enciende es la tecla número 3 la máquina nos estará advirtiendo de que:

a) Se ha producido un atasco de papel.
b) La máquina se ha quedado sin papel.
c) La fotocopiadora se está quedando sin tóner.
d) El original tiene poco contraste.

5. En las siguientes imágenes de una fotocopiadora, ¿qué número indica el panel de control?

a) 1.
b) 8.
c) 10.
d) 2.

6. En la siguiente imagen que representa la pantalla táctil del panel de control de una fotocopiadora, el fotocopiado a doble cara se programa con la tecla identificada con el número:

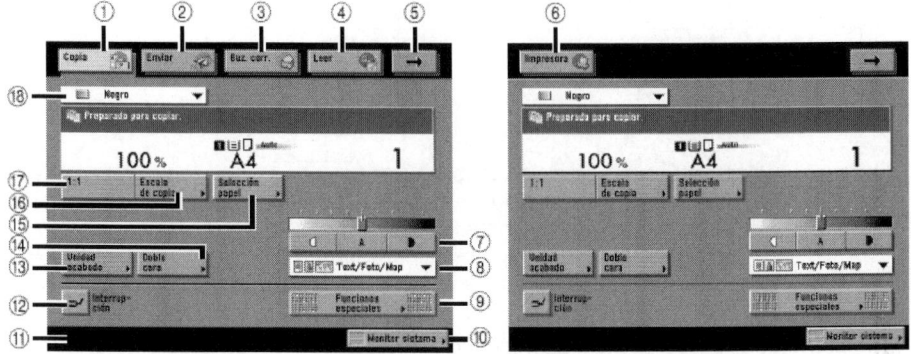

Pantalla de funciones básicas de copia

a) 1.
b) 4.
c) 14.
d) 16.

7. En la siguiente imagen de teclas de función de una fotocopiadora, identificamos el dibujo que indica que el original es a una cara y las copias a dos, con la que lleva el número:

1	2	3	4	5	6	7	8
9	10	11	12	13	14	15	16

a) 6.
b) 12.
c) 16.
d) 11.

8. El formato de papel cuyo tamaño es justo el resultado de doblar por la mitad más larga un DIN-A4 es el DIN:

a) A2.
b) A3.
c) B4.
d) A5.

151

9. Teniendo por delante la imagen que representa el panel de control de la foto-copiadora, ¿cómo ha de proceder el operario si selecciona 11 copias cuando quería seleccionar 10?

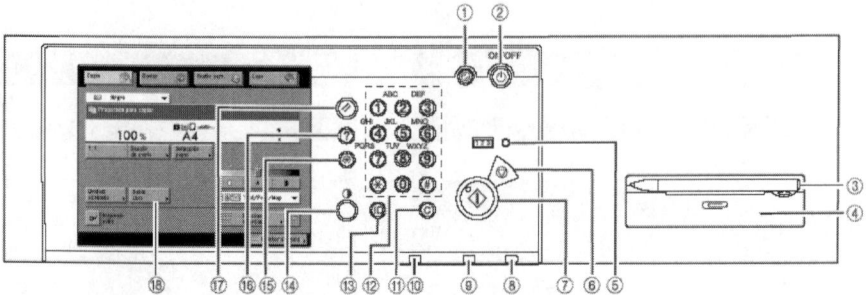

a) Lo mejor es pulsar la tecla de inicio (identificada con el número 7), dejar que la máquina haga las 11 copias y tirar a la basura una de ellas.

b) Darle a la tecla de inicio y dejar que la máquina empiece a hacer las copias indicadas. En el momento que salga la última hoja de la copia 10, el subalterno pulsará la tecla de detener (identificada con el número 6) antes de que arrastre la primera hoja correspondiente a la copia 11.

c) Reiniciará pulsando la tecla identificada con el número 17 y volverá a incluir todos los datos referidos al encargo con cuidado de no volver a equivocarse.

d) Simplemente pulsará la tecla de borrar (identificada en la figura con el número 11), con lo que se borrará la última cifra marcada (1) y, en su lugar, tecleará el 0. La máquina entenderá que ha de efectuar 10 copias.

10. Un directivo de un organismo entrega a un subalterno una carpeta que contiene un documento grapado por el ángulo superior izquierdo de 25 hojas DIN-A4 escritas a una cara y le pide que saque 10 copias a dos caras en papel DIN-A4 de 90 gramos y que las prepare igualmente grapadas por el ángulo superior izquierdo. ¿Cuántas hojas de papel DIN-A4 necesitará el subalterno para hacer el encargo?

a) 130.
b) 125.
c) 250.
d) 500.

11. En la fotocopiadora, si el subalterno utiliza la escala de ampliación del 200 %, significa que:

a) Amplía el tamaño de la copia en su totalidad 200 veces.
b) Amplía el doble el tamaño de la copia en su totalidad.
c) Amplía el tamaño de la copia en su anchura 200 veces.
d) Amplía la resolución de la copia 200 veces.

12. Un subalterno debe hacer en tamaño folio 50 copias a una cara de un documento de 10 páginas. En una estantería cuenta con paquetes de papel de diversas medidas. ¿Cuál es el que debe emplear para esta tarea?

a) 256 mm x 364 mm.
b) 355,6 mm x 219,9 mm.
c) 215 mm x 315 mm.
d) 210 mm x 297 mm.

13. En la siguiente imagen de un fax, ¿qué parte se identifica con el número 4?

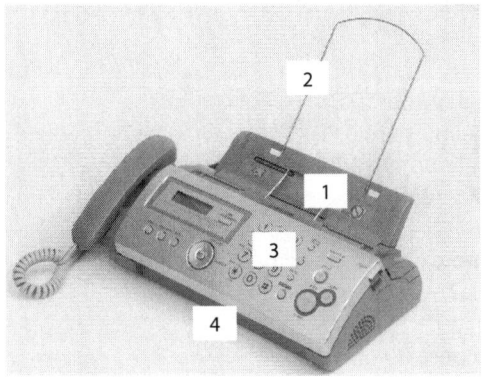

a) Soporte para los documentos a enviar.
b) Guías de ajuste del papel.
c) Salida de documentos leídos.
d) Bandeja de salida del papel enviado.

14. En la imagen del panel de control del fax, ¿con qué número están señaladas las teclas numéricas que se utilizan para marcar los números de teléfono?

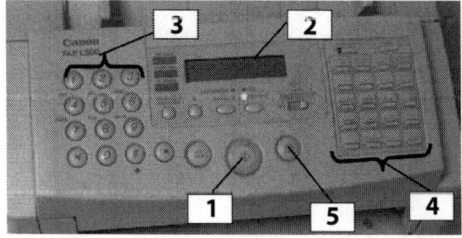

Componente n.º
1
2
3
4
5

a) 1.
b) 2.
c) 3.
d) 4.

15. ¿Qué tecla del panel de control de la fotocopiadora deberá utilizar el subalterno para conseguir un mayor contraste en la copia?

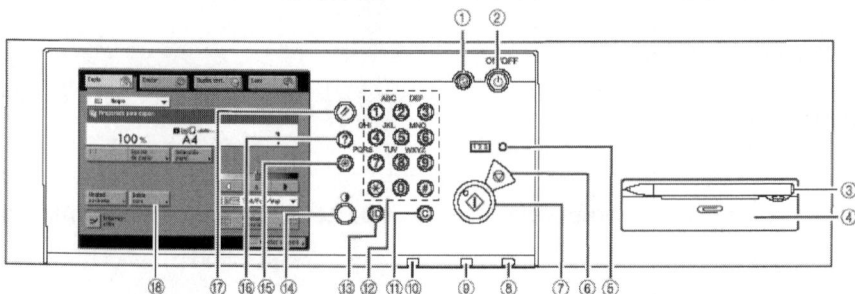

a) La señalada con el número 7.
b) La señalada con el número 6.
c) La señalada con el número 17.
d) La señalada con el número 14.

16. Si un subalterno debe emplear para un encargo papel con formato A4 de 80 gramos, ¿qué significa?

a) Que cada página pesa 80 gramos.
b) Que una resma de ese papel pesa 80 gramos.
c) Que un metro cuadrado de ese papel pesa 80 gramos.
d) Que un cuadernillo estándar de ese papel pesa 80 gramos.

17. Si el subalterno tuviera que cambiar el tóner del fax, después de extraer el viejo sacaría uno nuevo de su bolsa protectora y antes de introducirlo en su lugar correspondiente:

a) Agitará enérgicamente el cartucho varias veces.
b) Lo dejará unos minutos al aire libre para que se airee.
c) Limpiará con alcohol los rieles por los que se desliza el tóner.
d) Tendrá que avisar rápidamente al servicio técnico para que cambie el tóner lo antes posible.

18. Si el subalterno pulsa la tecla "reiniciar" del panel de la fotocopiadora:

a) La máquina descontará las copias hechas y volverá a contabilizar desde la copia 1.
b) La máquina eliminará la configuración de las copias realizadas anteriormente volviendo a la configuración por defecto.
c) La máquina repetirá la tarea con la misma configuración de las copias realizadas con anterioridad.
d) La máquina se apagará y encenderá automáticamente.

19. Al área de reprografía de un organismo llega un empleado con su correspondiente acreditación y le encarga al subalterno una fotocopia de una fotografía en blanco y negro. La fotografía es de tamaño 9 x 12 cm, pero la persona que realiza el encargo desea que la amplíe para que ocupe el máximo de un DIN-A5. ¿A qué es similar ese formato?

a) A una tarjeta de visita.
b) Al folio tradicional.
c) Al oficio.
d) A la cuartilla tradicional.

20. Al área de reprografía de un organismo llega un empleado con su correspondiente acreditación y le encarga al subalterno una fotocopia de una fotografía en blanco y negro. La fotografía es de tamaño 9 x 12 cm, pero la persona que realiza el encargo desea que la amplíe para que ocupe el máximo de un DIN-A5. ¿Cuál de las siguientes ampliaciones es la más adecuada seleccionar en el panel de control de la fotocopiadora?

a) 100 %.
b) 150 %.
c) 200 %.
d) 300 %.

Solución supuesto n.º 2

1. c) 297 x 210 mm.

2. b) 7 y 8.

3. a) Se ha producido un atasco de papel.

4. c) La fotocopiadora se está quedando sin tóner.

5. a) 1.

6. c) 14.

7. d) 11.

8. d) A5.

9. d) Simplemente pulsará la tecla de borrar (identificada en la figura con el número 11), con lo que se borrará la última cifra marcada (1) y, en su lugar, tecleará el 0. La máquina entenderá que ha de efectuar 10 copias.

10. a) 130.

11. b) Amplía el doble el tamaño de la copia en su totalidad.

12. c) 215 mm x 315 mm.

13. c) Salida de documentos leídos.

14. c) 3.

15. d) La señalada con el número 14.

16. c) Que un metro cuadrado de ese papel pesa 80 gramos.

17. a) Agitará enérgicamente el cartucho varias veces.

18. b) La máquina eliminará la configuración de las copias realizadas anteriormente volviendo a la configuración por defecto.

19. d) A la cuartilla tradicional.

20. b) 150 %.

SUPUESTO N.º 3

Supuesto sobre Prevención de Riesgos Laborales

Plácido Pérez, es funcionario del Cuerpo de Subalternos en el Ayuntamiento de Torrezuela, una población de unos 9.500 habitantes. Hace 1 año, Plácido fue elegido como Delegado de Personal para representar a los 24 trabajadores del Ayuntamiento, ejerciendo desde entonces también como Delegado de Prevención.

Con esta información conteste a las siguientes preguntas:

Cuestiones

1. ¿Puede Plácido compatibilizar la función de Delegado de Prevención con la de Delegado de Personal?

a) Tiene que ejercer ambas funciones por no superar el Ayuntamiento los 30 trabajadores.
b) Solo si es elegido por y entre la totalidad de Delegados de Personal.
c) No, si no es elegido expresamente para ello por el conjunto de los trabajadores.
d) Solo el Alcalde puede decidir que ejerza de Delegado de Prevención el Delegado de Personal.

2. ¿Cuántos Delegados de Prevención se designarán en el Ayuntamiento de Torrezuela?

a) 8, por tener más de 4.000 habitantes.
b) Ninguno, por tener menos de 30 trabajadores.
c) 2, por contar con menos de 100 trabajadores.
d) 1, por contar con menos de 30 trabajadores.

3. Como Delegado de Prevención, Plácido deberá ser consultado con la debida antelación de la adopción de las decisiones relativas a:

a) Las licitaciones del Ayuntamiento por valor de más de 30.000 euros.
b) La contratación de personal interino.

c) El proyecto y la organización de la formación en materia preventiva.

d) La elección de los días festivos locales.

4. ¿Puede el Ayuntamiento de Torrezuela realizar el Plan de Prevención de Riesgos Laborales, la evaluación de riesgos y la planificación de la actividad preventiva de forma simplificada?

a) No, por tratarse de una Administración Pública.

b) No tiene ninguna obligación de tener Plan de Prevención de Riesgos Laborales, al no superar los 50 trabajadores.

c) Sí, ya que no supera los 25 trabajadores y no hay ningún impedimento por la naturaleza y peligrosidad de las actividades que los trabajadores realizan.

d) No, porque supera los 20 trabajadores.

5. ¿Podrá Plácido realizar visitas a los lugares de trabajo para vigilar y controlar el estado de las condiciones de trabajo de los trabajadores del Ayuntamiento?

a) Sí, sin alterar el normal funcionamiento de las correspondientes unidades.

b) Sí, siempre que no se comunique durante la jornada con los trabajadores.

c) No, porque eso supondría que abandona su puesto de trabajo.

d) Solo puede realizar ese tipo de visitas si va acompañado por algún representante legal del Ayuntamiento.

6. ¿Puede Plácido acompañar a los Inspectores de Trabajo y Seguridad Social en las visitas y verificaciones que realicen en los centros de trabajo del Ayuntamiento para comprobar el cumplimiento de la normativa sobre prevención de riesgos laborales?

a) Está obligado a asistir a esas visitas.

b) Puede asistir, pero no puede realizar observaciones o comentarios que afecten a las decisiones de los inspectores.

c) No puede asistir en ningún caso sin autorización expresa del Alcalde.

d) Sí puede acompañarles, e incluso formular ante ellos las observaciones que estime oportunas.

7. ¿Debe tener el Ayuntamiento de Torrezuela un Comité de Seguridad y Salud?

a) Sí, ya que la población supera los 3.000 habitantes.

b) No, ya que el ayuntamiento no cuenta con 50 trabajadores.

c) No, por tratarse de una administración pública.

d) Sí, por el mero hecho de existir la figura del Delegado de Prevención.

8. Plácido contará en el ejercicio de su función representativa de un crédito de horas mensuales, dentro de la jornada de trabajo y retribuidas como de trabajo efectivo, de:

a) 15 horas.

b) 20 horas.

c) 25 horas.
d) 30 horas.

9. En todo lo referente a temas internos del Ayuntamiento, Plácido estará obligado a:

a) Observar sigilo profesional, hasta un año después a la expiración de su mandato.

b) Observar sigilo profesional en aquellos temas en que el Ayuntamiento señale expresamente el carácter reservado, aun después de expirar su mandato.

c) Notificarlo a los trabajadores.

d) Observar sigilo profesional en aquellos temas en que el Ayuntamiento señale expresamente el carácter reservado, hasta el momento de expiración de su mandato.

10. ¿Puede Plácido ser sancionado por acciones en el ejercicio de su representación?

a) No, en ningún momento durante ni después de que expire su mandato.

b) No durante el ejercicio de sus funciones; tras la expiración de su mandato, sí.

c) No durante el ejercicio de sus funciones ni dentro del año siguiente a la expiración de su mandato, salvo en caso de que esta se produzca por revocación o dimisión.

d) Sí, en todo momento y en todo caso, siempre que no suponga discriminación en su promoción económica o profesional.

11. Por regla general, Plácido tendrá un plazo para la elaboración de los informes que deba emitir a tenor de las consultas preceptivas del ayuntamiento en materia de seguridad y salud en el trabajo, de:

a) 7 días.
b) 10 días.
c) 15 días.
d) 20 días.

12. En relación con la vigilancia de la salud:

a) Plácido debe ser informado de los resultados de la vigilancia de la salud de todos los trabajadores.

b) Corresponde a Plácido comunicar los resultados a cada trabajador.

c) Plácido está obligado a someterse a las pruebas y reconocimientos que proponga el Ayuntamiento.

d) Plácido velará porque las medidas de vigilancia y control de la salud de los trabajadores se lleven a cabo respetando el derecho a la intimidad y la dignidad de la persona del trabajador.

13. ¿Puede el Ayuntamiento negarse a la adopción de medidas para la mejora de los niveles de protección de la seguridad y la salud de sus trabajadores, que hayan sido propuestas por Plácido como Delegado de Prevención?

a) No, dichas propuestas serán de obligado cumplimiento.
b) Sí, por supuesto.

c) Sí, motivadamente.

d) No, si son económica y técnicamente realizables.

14. ¿Está legitimado Plácido para la distribución libre de todo tipo de publicaciones entre los trabajadores del Ayuntamiento?

a) Solo si se refieren a cuestiones profesionales.

b) Solo si se refieren a cuestiones sindicales.

c) Sí, ya se refieran a cuestiones profesionales o sindicales.

d) No, en ningún caso sin permiso del Alcalde.

15. ¿Puede hacer uso Plácido fuera del ámbito del Ayuntamiento de Torrezuela, como Delegado de Prevención, de un documento reservado entregado por el Ayuntamiento?

a) Sí, si omite los nombres de las personas mencionadas en el documento.

b) Solo cuando expire su mandato.

c) Puede utilizarlo para cualquier fin, siempre que sea en el estricto ámbito del Ayuntamiento.

d) No puede utilizarlo fuera del estricto ámbito del Ayuntamiento.

16. Con respecto a la ejecución de la normativa sobre prevención de riesgos laborales, compete a Plácido, como Delegado de Prevención:

a) Sancionar a los trabajadores que incumplan sus obligaciones.

b) Denunciar a los trabajadores que incumplan sus obligaciones.

c) Exigir a los trabajadores el cumplimiento de sus obligaciones.

d) Promover y fomentar la cooperación de los trabajadores.

17. ¿Debe ser informado Plácido por el Ayuntamiento de los daños producidos en la salud de un trabajador del Ayuntamiento que acaba de sufrir un accidente laboral?

a) Sí.

b) Solo si está dentro de su jornada laboral.

c) No hay obligación de informarle.

d) Solo si se trata de un suceso grave.

18. Por el hecho de ser Plácido Delegado de Prevención, ¿formará parte del Servicio de Prevención propio del Ayuntamiento?

a) Sí, en todo caso.

b) Sí, a menos que delegue en otro trabajador.

c) No puede formar parte del Servicio de Prevención en ningún caso.

d) No.

19. Si ante un riesgo grave e inminente Plácido, como Delegado de Prevención, adopta la medida de paralización de la actividad, ¿puede sufrir algún tipo de perjuicio a causa de ello?

a) No, en ningún caso.

b) No, si lo comunica de inmediato al Ayuntamiento y a la autoridad laboral.

c) Sí, si se demuestra que obró de mala fe o que cometió negligencia grave.

d) Sí, si no lo consultó previamente con el Alcalde.

20. ¿Debe consultar el Ayuntamiento con Plácido, como representante de los trabajadores, la designación de los trabajadores encargados de las medidas de emergencia?

a) Debe consultarlo con la debida antelación.

b) Basta con que le informen de la decisión tomada, antes de que dichos trabajadores asuman esas tareas.

c) No está obligado el Ayuntamiento a dicha consulta, ya que cuenta con menos de 50 trabajadores en plantilla.

d) Se le informará con antelación, pero no se le consultará.

Solución supuesto n.º 3

1. a) Tiene que ejercer ambas funciones por no superar el Ayuntamiento los 30 trabajadores.

2. d) 1, por contar con menos de 30 trabajadores.

3. c) El proyecto y la organización de la formación en materia preventiva.

4. c) Sí, ya que no supera los 25 trabajadores y no hay ningún impedimento por la naturaleza y peligrosidad de las actividades que los trabajadores realizan.

5. a) Sí, sin alterar el normal funcionamiento de las correspondientes unidades.

6. d) Sí puede acompañarles, e incluso formular ante ellos las observaciones que estime oportunas.

7. b) No, ya que el ayuntamiento no cuenta con 50 trabajadores.

8. a) 15 horas.

9. b) Observar sigilo profesional en aquellos temas en que el Ayuntamiento señale expresamente el carácter reservado, aun después de expirar su mandato.

10. c) No durante el ejercicio de sus funciones ni dentro del año siguiente a la expiración de su mandato, salvo en caso de que esta se produzca por revocación o dimisión.

11. c) 15 días.

12. d) Plácido velará porque las medidas de vigilancia y control de la salud de los trabajadores se lleven a cabo respetando el derecho a la intimidad y la dignidad de la persona del trabajador.

13. c) Sí, motivadamente.

14. c) Sí, ya se refieran a cuestiones profesionales o sindicales.

15. d) No puede utilizarlo fuera del estricto ámbito del Ayuntamiento.

16. d) Promover y fomentar la cooperación de los trabajadores.

17. a) Sí.

18. d) No.

19. a) Tiene que ejercer ambas funciones por no superar el Ayuntamiento los 30 trabajadores.

20. a) Debe consultarlo con la debida antelación.

SUPUESTO N.º 4

Supuesto sobre Word

1-20. A continuación veremos la creación de documentos relacionados con una empresa que realiza ventas de almacén, y genera para ellos documentos sobre los que tratarán las preguntas del supuesto. Tenemos un documento de Word que representa una posible factura de una venta.

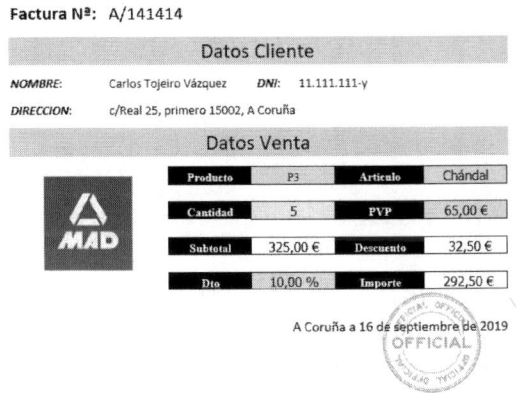

El mismo documento con los símbolos no imprimibles visibles.

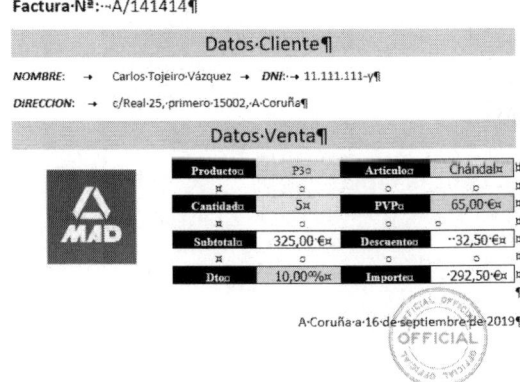

1. En el documento de Word que nos muestran, sin tener en cuenta las tablas ni las líneas en blanco, ¿cuántos párrafos tiene el documento?

a) 6.
b) 3.
c) 1.
d) 5.

2. En el documento de Word que nos muestran, sin tener en cuenta las tablas ni las líneas en blanco, ¿cuántas tabulaciones tiene el documento?

a) 6.
b) 3.
c) 1.
d) 4.

3. En el documento de Word que nos muestran, sin tener en cuenta las tablas ni las líneas en blanco, ¿cuántos párrafos están alineados a la derecha?

a) 6.
b) 3.
c) 1.
d) Ninguno.

4. ¿Cuántas celdas tiene la tabla?

a) 8.
b) 20.
c) 16.
d) 28.

5. ¿Qué tipo de color tiene el párrafo de "Datos Venta…"?

a) Color de resaltado.
b) Sombreado.
c) Color de párrafo.
d) fondo de párrafo.

6. ¿Qué alineación tiene la tabla?

a) Centrada.
b) Izquierda.
c) Derecha.
d) Justificada.

7. ¿Qué ajuste de texto tiene la imagen del sello oficial que está en la parte inferior del documento?

a) Cuadrada.
b) Delante del texto.
c) Detrás del texto.
d) Izquierda.

8. ¿Cuál puede ser una fórmula válida para la celda donde se encuentra el valor del descuento de 32,50 €?

a) =B5*B7
b) =B3*B4
c) =B5 /B7
d) =B5 % B7

9. ¿Cuál puede ser una fórmula válida para la celda donde se encuentra el valor del importe de 292,50 €?

a) =B5-D7
b) =B5-D5
c) =B5 -B7
d) =B5 % B7

Si tenemos seleccionado el párrafo del título de "Datos Cliente" como vemos en la siguiente imagen…

Datos·Cliente¶

10. ¿Por qué al seleccionar el párrafo se "marca" parte de la línea siguiente inferior?

a) Se ha seleccionado por error la línea siguiente.
b) Porque el párrafo tiene activado un espaciado anterior.
c) Porque tiene un interlineado de 1,5 líneas.
d) Porque el párrafo tiene activado un espaciado posterior.

11. ¿Podemos saber según la imagen el alineado que tiene el párrafo?

a) No podemos saberlo, puede ser centrado o justificado.
b) Izquierda.
c) Justificado.
d) Centrado.

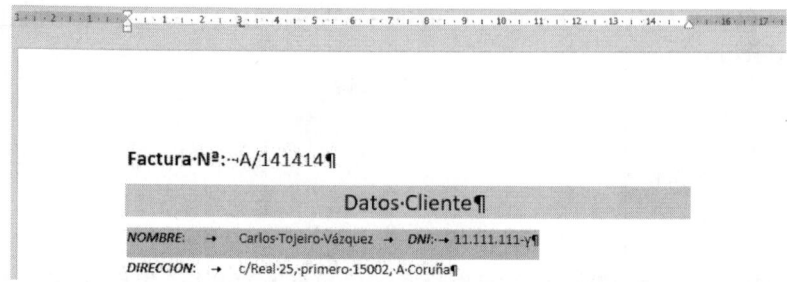

12. ¿Podemos saber según la imagen cuantas tabulaciones prefijadas tiene el párrafo?

a) No podemos saberlo, pueden ser 1 ,2 o 3.
b) 3.
c) 2.
d) 1.

13. ¿Podemos saber según la imagen el ancho del documento?

a) 17 cm.
b) 15 cm.
c) 16 cm.
d) 14 cm.

En la siguiente imagen vemos las "Propiedades" de *Diseño* de la imagen del sello en el documento.

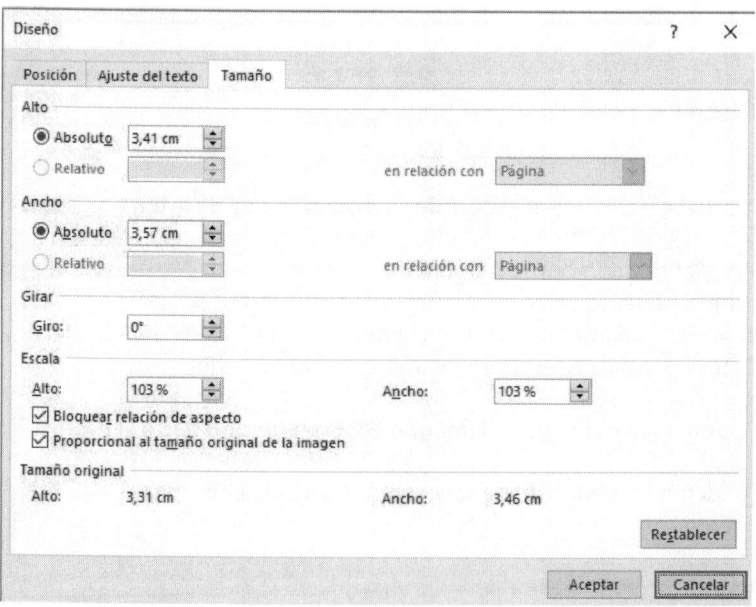

14. ¿Podemos saber según la imagen el ancho original que tenía la imagen al insertarse?

a) 3,46 cm.
b) 3,31 cm.
c) 3,57 cm.
d) 3,41 cm.

15. ¿Podemos saber según la imagen el porcentaje que ha aumentado el ancho que tiene actualmente la imagen?

a) 103 %.
b) 3 %.
c) Podemos saber el alto, pero no el ancho.
d) Podemos saber que ha cambiado, pero no el porcentaje.

En la siguiente imagen mostramos otro documento de la empresa donde se explican las características de un proceso de entrada de documentos.

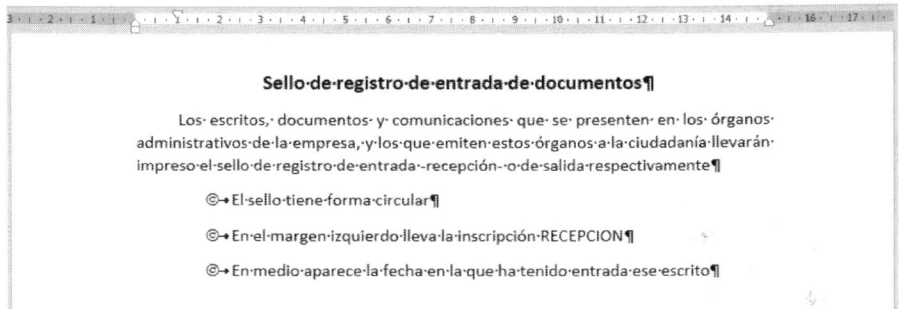

16. ¿Cómo se consigue la lista del ejemplo de documento que nos muestran?

a) Como Viñetas con símbolo.
b) Como Multinivel con viñetas.
c) Como Multinivel con símbolo.
d) Como Viñetas con imagen.

17. ¿Podemos saber según la imagen el alineado que tiene el párrafo del título?

a) No podemos saberlo, puede ser centrado o justificado.
b) Izquierda.
c) Justificado.
d) Centrado.

18. ¿Qué combinación de teclas nos servirá para conseguir la alineación del primer párrafo del documento que nos muestran?

a) Ctrl + D
b) Ctrl + C

c) Ctrl + J

d) Ctrl + T

19. Asumiendo que en la imagen del documento que nos muestran los tiradores están mostrando la configuración del segundo párrafo, ¿qué tipo de sangría muestra?

a) Sangría por la izquierda.

b) Sangría francesa.

c) Sangría de Primera línea.

d) Sangría por la derecha.

20. Si queremos insertar un hipervínculo en el texto "RECEPCIÓN", ¿qué combinación de teclas usaremos?

a) Ctrl +Mayus +K

b) Ctrl + Alt + K

c) Ctrl +Mayus +H

d) Ctrl + Alt + H

Solución al supuesto n.º 4

1. a) 6.

2. b) 3.

3. c) 1.

4. d) 28.

5. b) Sombreado.

6. c) Derecha.

7. c) Detrás del texto.

8. a) =B5*B7

9. b) =B5-D5

10. d) Porque el párrafo tiene activado un espaciado posterior.

11. d) Centrado.

12. d) 1.

13. b) 15 cm.

14. a) 3,46 cm.

15. b) 3 %.

16. a) Como Viñetas con símbolo.

17. d) Centrado.

18. d) Ctrl + T

19. c) Sangría de Primera línea.

20. b) Ctrl + Alt + K

SUPUESTO N.º 5

Supuesto sobre Excel

1-20. A continuación partimos de los presupuestos anuales teóricos que tienen los departamentos de una empresa para todo el año.

Tenemos el nombre del departamento en la columna B, desde las celdas B4 a B9. También tenemos el **PRESUPUESTO PROGRAMADO** para cada uno de los departamentos en miles de euros en la columna C, desde la C4 a la C9.

Y por último en la columna G, desde la G4 a la G9, tenemos los **EMPLEADOS** en cada **DEPARTAMENTO.**

El resto de datos a calcular son:

– **PRESUPUESTO REAL**, será el 80 % del PRESUPUESTO PROGRAMADO; lo haremos en la columna D, en las celdas D4 a D9.

– **GASTO REAL**, será el 75 % del PRESUPUESTO REAL; lo haremos en la columna E, en las celdas E4 a E9.

– **BALANCE ANUAL**, será la diferencia entre el PRESUPUESTO REAL y el GASTO REAL; lo haremos en la columna F, en las celdas F4 a F9.

– **BALANCE x EMPLEADO**, será la media entre el BALANCE ANUAL y el NÚMERO DE EMPLEADOS; lo haremos en la columna H, en las celdas H4 a H9. Los superiores a 10.000 tienen un formato diferente.

– **%GASTO GLOBAL,** será el porcentaje del gasto de cada departamento con respecto al total de los gastos anuales.

– **CALIFICACIÓN,** en base al campo anterior hay una clasificación de GRADO1, GRADO2, GRADO3 en base al valor hasta 15 %, de 15 a 25 % y mayor de 25 %.

– En la fila 10, en las columnas D, E y F se crearán TOTALES de cada una de las columnas.

– **MÁXIMO Nº EMPLEADOS en un DEPARTAMENTO**, en la casilla H12 calcular el valor más grande de los empleados de los departamentos.

- **MÍNIMO GASTO REAL ANUAL**, en la casilla H13 calcular el valor más pequeño de los gastos reales anuales.

- **PROMEDIO de PRESUPUESTOS PROGRAMADOS**, en la casilla H14 calcular el valor promedio de los PRESUPUESTOS PROGRAMADOS.

En la parte inferior están los datos de referencia para usarlos obligatoriamente en las fórmulas necesarias.

	A	B	C	D	E	F	G	H	I	J
1										
2					Resumen Anual					
3		DEPARTAMENTO	Presupuesto programado	Presupuesto real	Gasto real	Balance Anual	Empleados	Balance x Empleado	%Gasto Global	Calificacion
4		Calidad	21.000,00 €	16.800,00 €	12.600,00 €	4.200,00 €	3	1.400,00 €	7,05%	**Grado1**
5		I+D	45.000,00 €	36.000,00 €	27.000,00 €	9.000,00 €	2	4.500,00 €	15,10%	Grado2
6		Recursos	69.000,00 €	55.200,00 €	41.400,00 €	**13.800,00 €**	3	4.600,00 €	23,15%	Grado2
7		Administración	18.000,00 €	14.400,00 €	10.800,00 €	3.600,00 €	4	900,00 €	6,04%	**Grado1**
8		Dirección	65.000,00 €	52.000,00 €	39.000,00 €	**13.000,00 €**	2	6.500,00 €	21,81%	Grado2
9		Informática	80.000,00 €	64.000,00 €	48.000,00 €	**16.000,00 €**	3	5.333,33 €	26,85%	Grado3
10			TOTALES	238.400,00 €	178.800,00 €	59.600,00 €				
11										
12		PPT real	80,00 %	Máximo N.º de empleados en un DPTO			4	<15		Grado1
13		Gasto real	75,00 %	Mínimo Gasto real Anual			10.800,00 €	Entre 15 y 25		Grado2
14		Control de Balance	10.000,00 €	Promedio de Presupuestos Programados			49.666,67 €	>25		Grado3
15										

Además de la tabla de datos, se ha realizado un gráfico con esta apariencia:

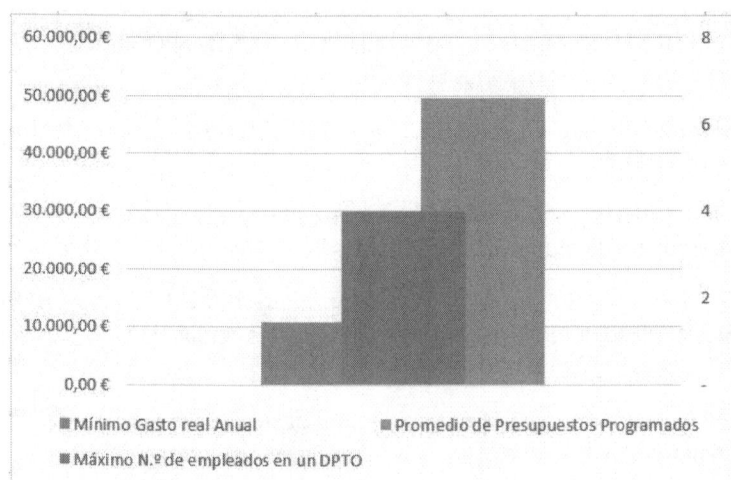

1. ¿Cuántas funciones condicionales hay en la fila 4 del documento desde B4 a J4?

a) Ninguna.
b) 3.
c) 2.
d) 1.

2. Si queremos calcular el presupuesto real en la casilla D4 y luego poder arrastrarla a todos los demás, ¿qué fórmula usaremos?

a) =C4*$C$12
b) =C4*$C12
c) =C4*C$12
d) =C$4*C12

3. Si queremos calcular el gasto real en la casilla E4 y luego poder arrastrarla a todos los demás, ¿qué fórmula usaremos?

a) =D$4*$C$13
b) =D4*$C$12
c) =D4*$C$13
d) =D4*$C$12

4. Si queremos calcular el balance anual en la casilla F4 y luego poder arrastrarla a todos los demás, ¿qué fórmula usaremos?

a) =D4+E4
b) =RESTA(D4-E4)
c) =D4/E4
d) D4-E4

5. Si queremos calcular el balance x empleado en la casilla H4 y luego poder arrastrarla a todos los demás, ¿qué fórmula usaremos?

a) =F4/G$4
b) =F$4/G4
c) =F4/G4
d) =$F4/G4

6. Si queremos calcular el % gasto global en la casilla I4 y luego poder arrastrarla a todos los demás, ¿qué fórmula usaremos?

a) =E4/$E$10
b) =E4/$F10
c) =E4/E$10
d) =$E$4/$E10

7. En la casilla J4 queremos obtener la calificación y poder arrastrarla al resto; una posible función será...

a) =SI(I4<0,15;$J$12;SI(I4>=0,25;$J$13;$J$14))
b) =SI(I4<0,15;$J$12;SI(I4<0,25;$J$13;$J$14))
c) =SI(I4<=0,15;$J$12;SI(I4<0,25;$J$13;$J$14))
d) =SI(J4<0,15;$J$12;SI(I4<0,25;$J$13;$J$14))

8. En la casilla G12 queremos obtener el valor más grande de empleados que tiene un departamento; una posible función será...

a) =BDMAX(G4:G9)
b) =PROMEDIO(G4:G9)
c) =MED(G4:G9)
d) =MAX(G4:G9)

9. En la casilla G13 queremos obtener el mínimo gasto real anual; una posible función será...

a) =MIN(E4:E9)
b) =MINIMO(E4:E9)
c) =VALOR.MINIMO(E4:E9)
d) =BDMIN(E4:E9)

10. ¿Cuántas condiciones de formato tienen las celdas del balance anual?

a) 2.
b) 1.
c) 6.
d) 3.

11. ¿Cuántas condiciones de formato tienen las celdas de la calificación?

a) 2.
b) 1.
c) 6.
d) 3.

12. Queremos usar una sola fórmula para calcular los totales de las celdas D10, E10 y F10, escribiendo la más a la izquierda y copiando al resto; ¿cuál de las siguientes elegimos?

a) =SUMA (D$4: $D9)
b) =SUMA (D4:D9)
c) =SUMA ($D4:D9)
d) =SUMA ($D4:D$9)

13. En la casilla G14 queremos obtener el promedio de los presupuestos programados; una posible función será...

a) =PROMEDIO (C4;C9;">0")
b) =CONTAR.SI (C4:C9;">MEDIA")
c) =PROMEDIO (C4:C9)
d) =BDPROMEDIO (C4:C9)

14. ¿Qué efecto de control del texto tiene la celda C3?

a) Ajustar Texto.
b) Reducir hasta ajustar.

c) Combinar celdas.
d) Sangría.

15. ¿En qué celda se tiene que escribir el texto "Resumen Anual"?

a) En cualquier celda entre B2 y J2.
b) En cualquier celda entre A2 y J2.
c) B2.
d) F2.

16. ¿Cuánto sumarian todos los datos de % Gasto Global si hiciéramos una suma?

a) No podemos saberlo directamente.
b) 100 %.
c) 0,1.
d) 1,10.

17. Si aumentamos el gasto real del 75 % al 100 %, ¿qué valor tendrán los balances anuales?

a) El mismo valor del Gasto real.
b) El mismo valor del presupuesto real.
c) 0 en todos.
d) Dara error en la fórmula.

18. ¿Cuántas series de datos tiene el gráfico?

a) 4.
b) 2.
c) 5.
d) 3.

19. ¿Cuántas series están asignadas al eje secundario de valores?

a) 3.
b) 2.
c) 1.
d) Ninguna.

20. ¿Cuál es el valor del límite máximo del eje secundario?

a) 8.
b) 60.000 €.
c) No podemos saberlo viendo la imagen.
d) 2.

Solución al supuesto n.º 5

1. d) 1.

2. a) =C4*$C$12

3. c) =D4*$C$13

4. d) D4-E4

5. c) =F4/G4

6. a) =E4/$E$10

7. b) =SI(I4<0,15;$J$12;SI(I4<0,25;$J$13;$J$14))

8. d) =MAX(G4:G9)

9. a) =MIN(E4:E9)

10. b) 1.

11. d) 3.

12. b) =SUMA (D4:D9)

13. c) =PROMEDIO (C4:C9)

14. a) Ajustar Texto.

15. a) En cualquier celda entre B2 y J2.

16. b) 100 %.

17. c) 0 en todos.

18. d) 3.

19. c) 1.

20. a) 8.

SUPUESTO N.º 6

Supuesto sobre Correo Electrónico

1. ¿Cómo se denomina un bulo o noticia falsa, que es un intento de hacer creer a un grupo de personas que algo falso es real?

a) Spam.
b) Hoaxes.
c) Virus.
d) Pishing.

2-4. Con la configuración de remitentes como vemos en la siguiente imagen, responde a las siguientes preguntas:

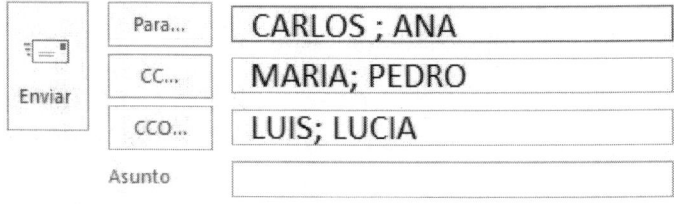

2. En base a la imagen, ¿cuál de las siguientes opciones es correcta?

a) Carlos sabe que Ana ha recibido el correo.
b) Luis no sabe que Carlos ha recibido el correo.
c) Pedro no sabe que María ha recibido el correo.
d) Lucia sabe que Luis ha recibido el correo.

3. Según esas premisas, ¿cuál de las siguientes expresiones no es correcta?

a) Los destinatarios incluidos en un campo CCO pueden recibir el correo y ver el resto de los destinatarios incluidos en los campos PARA y CC, así como responderles.
b) Los destinatarios incluidos en un campo CCO no pueden ver a otros posibles destinatarios incluidos en CCO.

181

c) Ningún destinatario, independientemente del campo donde se encuentre, tendrá constancia de alguna dirección de correo electrónico incluida en CCO.

d) Solo los destinatarios del campo PARA podrán saber qué personas han recibido el mensaje en copia oculta.

4. En base a la imagen, y suponiendo que no se modificaran las opciones de los remitentes, ¿cuál de las siguientes opciones es correcta?

a) Se enviarán 6 mensajes de correo.
b) Se enviarán 5 mensajes de correo.
c) Se enviarán 4 mensajes de correo.
d) Se enviarán 2 mensajes de correo.

5-6. En la siguiente imagen estamos viendo la creación de una regla para uno de los empleados...

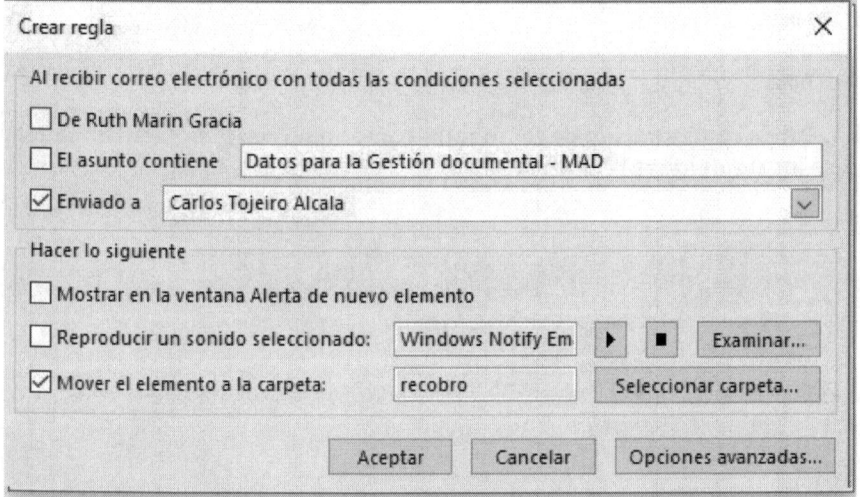

5. Si las opciones que vemos fueran las definitivas al crear la regla, ¿cuál de las siguientes afirmaciones es correcta?

a) La regla hará que todo lo que haya enviado Ruth Marín Gracia se moverá a una carpeta llamada Recobro.

b) La regla hará que todo lo que haya recibido Ruth Marín Gracia se moverá a una carpeta llamada Recobro.

c) La regla hará que todo lo que haya sido enviado a Carlos Tojeiro Alcalá se moverá a una carpeta llamada Recobro.

d) La regla hará que todo lo que haya sido enviado a Carlos Tojeiro Alcalá de Ruth Marín Gracia se moverá a una carpeta llamada Recobro.

6. Si queremos crear una regla de correo para que los mensajes de un remitente específico que incluyan la palabra "ventas" en Asunto, se trasladen a una carpeta llamada "Ventas" de Carlos Tojeiro Alcalá que tipo de plantilla elegiremos:

a) Mantenerse organizado.
b) Seguimiento.
c) Envío.
d) Mantenerse actualizado.

7. Las prioridades de un mensaje de Outlook pueden tener prioridad:

a) Alta y Media.
b) Alta, Media y Baja.
c) Alta y Baja.
d) Alta, Media y Normal.

8. Al reenviar un mensaje en el asunto aparecerá:

a) RE:
b) RW:
c) RS:
d) RV:

9. La opción "Responder a todos":

a) Responde al remitente y a los usuarios de la lista de contactos seleccionados previamente.
b) Responde al remitente y al resto de usuarios que estén en el mensaje.
c) Responde al remitente y solo a los usuarios del mensaje que estén en el CC.
d) Responde al remitente y solo a los usuarios del mensaje que estén en el CCO.

10. Los destinatarios del campo CC:

a) No son visibles para los del campo CCO.
b) Solo son visibles para los del campo PARA.
c) Solo son visibles para los del campo CC.
d) Son visibles entre ellos.

A continuación partimos del supuesto de una empresa, MAD, en la cual sus trabajadores usan el software de Microsoft Outlook para la gestión diaria de todo lo que está relacionado con el envío y recepción de archivos entre empleados y clientes.

A la vista de lo que podemos ver en la siguiente imagen, respondemos a las siguientes preguntas:

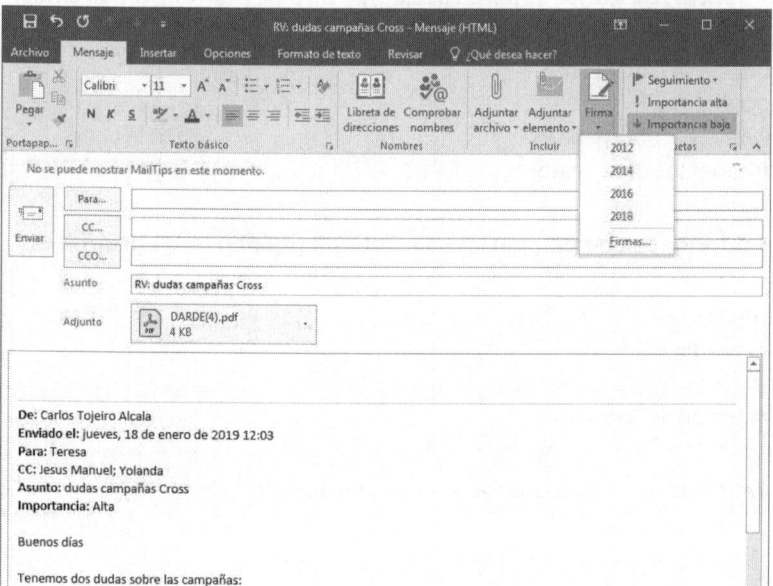

11. Con respecto a la acción que se está realizando…

a) Se está contestando a un correo enviado a Carlos Tojeiro Alcalá.
b) Se está contestando a un correo enviado a Teresa con copia a Yolanda.
c) Se está reenviando un correo que Carlos Tojeiro Alcalá envió a Teresa.
d) Se está reenviando un correo que Teresa envió a Carlos Tojeiro Alcalá.

12. Con respecto a la prioridad…

a) El mensaje original tenía prioridad Alta.
b) El mensaje original tenía prioridad Baja.
c) El mensaje original tenía prioridad Alta para Teresa y Baja para el resto.
d) No podemos saber que prioridad tenía el mensaje original.

13. Otra pregunta con respecto a la prioridad: suponiendo que la situación de la imagen sea la final con respecto a la prioridad, ¿qué prioridad tendrá el mensaje al enviarlo?

a) No podemos saber qué prioridad tendrá el mensaje enviado.
b) El mensaje que se está enviando tendrá prioridad Alta.
c) El mensaje que se está enviando tendrá prioridad Baja.
d) El mensaje que se está enviando tendrá prioridad Alta para Teresa y Baja para Yolanda.

14. ¿Cómo se puede crear una nueva carpeta en Outlook?

a) Haciendo clic en "Archivo" y luego en "Nuevo".
b) Haciendo clic derecho en "Bandeja de entrada" y seleccionando "Nueva carpeta".
c) Haciendo clic en "Inicio" y luego en "Nuevo correo electrónico".
d) Haciendo clic en "Enviar/Recibir" y luego en "Nueva carpeta".

15. ¿Cómo se puede programar el envío de un correo electrónico en Outlook?

a) Haciendo clic en "Opciones" y seleccionando "Retrasar entrega".
b) Haciendo clic en "Enviar/Recibir" y seleccionando "Programar envío".
c) Haciendo clic en "Archivo" y seleccionando "Programar".
d) Haciendo clic en "Inicio" y seleccionando "Retrasar entrega".

16. El asunto original del mensaje sobre el que estamos trabajando es:

a) Dudas campañas Cross.
b) RV: dudas campañas Cross.
c) No podemos saber el asunto original.
d) RV: dudas campañas Cross – Mensaje (HTML).

17. ¿Cuál es la función del botón "Enviar/Recibir" en Outlook?

a) Permitir redactar un nuevo correo electrónico tras haber recibido los pendientes.
b) Sincronizar la bandeja de entrada y enviar los correos pendientes.
c) Abrir los ajustes de la cuenta de correo tras recibir los pendientes.
d) Mover correos electrónicos a la carpeta específica de Recibidos.

18. Suponiendo que la situación de la imagen será la final que tendrá el mensaje al enviarlo, con respecto a los datos adjuntos…

a) Se enviarán 4 copias del documento DARDE.pdf.
b) Se enviarán 4 copias del documento DARDE(4).pdf.
c) Se envlará 1 copia del documento DARDE.pdf.
d) Se enviará 1 copia del documento DARDE(4).pdf.

19. Otra pregunta con respecto a los datos adjuntos: el tamaño total enviado en el mensaje a cada remitente será de…

a) 4 kbytes.
b) 4 Mbytes.
c) 16 Kbytes.
d) 16 Mbytes.

20. Para terminar con las preguntas sobre la imagen 1, y centrándonos en la gestión de la firma que tendrá el mensaje que se enviará ...

a) No podemos saber qué firma tendrá el mensaje enviado.
b) Llevará la firma "2012".
c) Llevará la firma "2018".
d) El mensaje no llevará firma.

Solución al supuesto n.º 6

1. b) Hoaxes.

2. a) Carlos sabe que Ana ha recibido el correo.

3. d) Solo los destinatarios del campo PARA podrán saber qué personas han recibido el mensaje en copia oculta.

4. a) Se enviarán 6 mensajes de correo.

5. c) La regla hará que todo lo que haya sido enviado a Carlos Tojeiro Alcalá se moverá a una carpeta llamada Recobro.

6. a) Mantenerse organizado.

7. c) Alta y Baja.

8. d) RV:

9. b) Responde al remitente y al resto de usuarios que estén en el mensaje.

10. d) Son visibles entre ellos.

11. c) Se está reenviando un correo que Carlos Tojeiro Alcalá envió a Teresa.

12. a) El mensaje original tenía prioridad Alta.

13. c) El mensaje que se está enviando tendrá prioridad Baja.

14. b) Haciendo clic derecho en "Bandeja de entrada" y seleccionando "Nueva carpeta".

15. a) Haciendo clic en "Opciones" y seleccionando "Retrasar entrega".

16. a) Dudas campañas Cross.

17. b) Sincronizar la bandeja de entrada y enviar los correos pendientes.

18. d) Se enviará 1 copia del documento DARDE(4).pdf.

19. a) 4 kbytes.

20. d) El mensaje no llevará firma.

Cómo acceder al Curso

Subalterno/a
Test y Supuestos prácticos

El uso de los códigos **es exclusivo de los compradores de los productos de Editorial MAD**. Cada producto posee un código único y de un solo uso. Es personal e intransferible y da acceso a servicios y contenidos adicionales. Editorial MAD se reserva el derecho de hacer cuantas comprobaciones sean necesarias para identificar al legítimo poseedor del código y dejar de dar servicio a quien haga uso fraudulento del mismo, además de emprender cuantas acciones legales estime oportunas según la legislación vigente.

Deberás acceder a:

mad.es/registro-campus

Si una vez aceptadas las condiciones de uso del Campus decides hacer uso del mismo, necesitarás del siguiente código de acceso junto con los códigos del resto de títulos que se exigen (si fuera el caso):

QN8LVT7CX1